재미있게 배우는
차이나로
중국어 회화

기초

Level 2

저자

孫茂玉 (쑨마오위)

国立台湾政治大学中文系 졸업
한국관광공사 홍보 책자 다수 번역
서울지방경찰청, 대원외고, 삼성물산, 롯데 등 출강
전) 강남 CCC 중국어 학원 강사
전) 中华民国驻韩大使馆领事部(驻韩台湾代表部)
전) 차이나로 중국어학원 대표강사
전) 차이나로 중국어학원 교육실장
현) 차이나로 중국어학원 부원장

차이나로 중국어 회화 Level 2 기초

초판발행	2013년 12월 26일
1판 8쇄	2020년 1월 20일
저자	차이나로 중국어 연구소, 孙茂玉
책임 편집	최미진, 가석빈, 高霞, 박소영, 하다능
펴낸이	엄태상
디자인	진지화
콘텐츠 제작	김선웅, 전진우
마케팅	이승욱, 오원택, 전한나, 왕성석
온라인 마케팅	김마선, 김제이, 조인선
경영기획	마정인, 조성근, 최성훈, 정다운, 김다미, 전태준, 오희연
물류	유종선, 정종진, 윤덕현, 양희은, 신승진
펴낸곳	시사중국어사(시사북스)
주소	서울시 종로구 자하문로 300 시사빌딩
주문 및 교재 문의	1588-1582
팩스	(02)3671-0500
홈페이지	http://www.sisabooks.com
이메일	book_chinese@sisadream.com
등록일자	1988년 2월 13일
등록번호	제1 - 657호

ISBN 978-89-7364-450-6 14720
978-89-7364-471-1(set)

* 이 책의 내용을 사전 허가 없이 전재하거나 복제할 경우 법적인 제재를 받게 됨을 알려 드립니다.
* 잘못된 책은 구입하신 서점에서 교환해 드립니다.
* 정가는 표지에 표시되어 있습니다.

머리말

중국어 교재 최초로 삽화를 통한 연상학습법을 사용한 『차이나로 中國語會話』 시리즈는 중국어를 배우고 가르치는 수많은 학습자와 선생님들로부터 아낌없는 찬사와 성원을 받아왔습니다. 차이나로 중국어 연구소는 이에 만족하지 않고 한 걸음 더 나아가 지난 20여 년간의 현장 강의 노하우와 교수 경험을 바탕으로 『차이나로 중국어회화』를 새롭게 출간하였습니다.

개정판 **차이나로 중국어 회화** 시리즈는 중국어 학습자와 교수자의 요구에 최적화된 교재로, 중국어 회화를 "쉽게, 재미있게, 신나게, 확실하게, 생생하게, 자신있게" 구사 할 수 있도록 철저히 학습 환경 위주의 구성과 편집에 포커스를 맞추었다고 단언합니다.

본 교재는 기초 학습자가 보다 **재미있게** 중국어를 학습할 수 있도록 구성하였습니다. 중국의 평범한 가족과 그들의 친구들이 캐릭터로 등장하는 **본문**에서는 간단하지만 활용도 높은 생활회화를 통해 기초를 탄탄히 다질 수 있도록 하였고, **어법포인트**에서는 필수적인 어법 요소들을 다양한 예문들을 통해 차근차근 되짚어 볼 수 있도록 하였습니다. **그림학습**에서는 다양한 삽화를 제공하여 자유로운 연상 학습이 이루어질 수 있도록 하였으며, 또한 기초적인 중국어 패턴과 어휘들을 활용하여 중국어 구사 능력의 확대를 가져올 수 있도록 하였습니다. **듣기 훈련**을 통해 청취와 표현 능력을 향상하고, **연습문제**를 통해 학습한 내용을 완벽히 이해할 수 있도록 하였습니다.

본 회화 시리즈의 **기초편**이 여러분의 중국어 학습을 성공적으로 이끄는 길라잡이가 되길 기대합니다.

2014년 1월
차이나로 중국어 연구소
孙茂玉 (쑨마오위)

차례

머리말 3
이 책의 활용법 6

01 住哪儿？ 어디에 삽니까?　　9

02 做什么工作？ 무슨 일을 합니까?　　19

03 要到哪儿去？ 어디로 가려고 합니까?　　29

04 在干什么呢？ 무엇을 하고 있습니까?　　39

05 吃饭了吗？ 식사했습니까?　　49

06 爱不爱吃甜的？ 단 음식을 즐겨 먹습니까?　　59

07 和谁一起去？ 누구와 함께 갑니까?　　69

08 是从哪儿来的？ 어디에서 왔습니까?　　79

09	离这儿远吗?	여기에서 멉니까?	89
10	会不会说汉语?	중국어를 할 줄 압니까?	99
11	要什么颜色的?	어떤 색깔을 원합니까?	109
12	去过台湾吗?	타이완에 간 적이 있습니까?	119
13	花了多少钱?	얼마 썼습니까?	129
14	喜欢哪个季节?	어느 계절을 좋아합니까?	139
15	带雨伞了吗?	우산 가져왔습니까?	149
16	喝得多不多?	많이 마셨습니까?	159

부록 169

이 책의 활용법

课文 본문
그림을 통해 대화 내용을 연상할 수 있도록 하여, 상황에 맞는 중국어 회화 표현을 재미있게 익힐 수 있도록 하였습니다.

生词 새로운 단어
본문과 그림학습에 등장한 새로운 어휘들로 구성하였습니다.

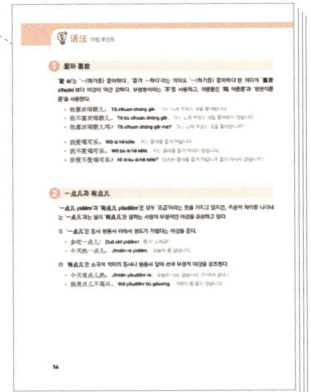

语法 어법 포인트
기초 단계에서 꼭 알아두어야 할 어법 포인트들을 정리하여 학습자가 정확한 문장을 구사할 수 있도록 하였습니다.

Plus 플러스
알아두면 더 재미있는 중국어 표현 상식을 간단히 소개하여 중국의 언어 문화에 대한 이해를 도울 수 있도록 하였습니다.

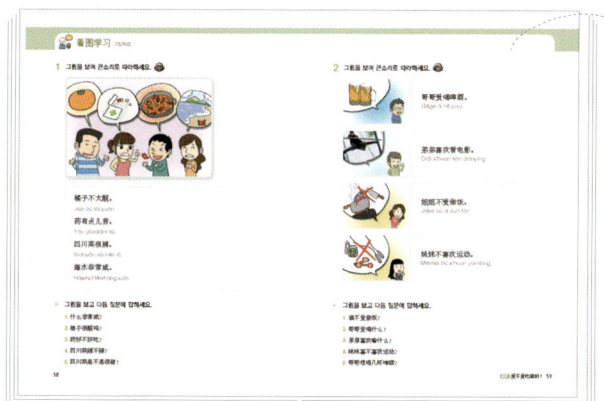

看图学习 그림학습

그림을 통해 제시된 다양한 상황을 통해 핵심적인 중국어 패턴을 응용할 수 있도록 하였고, 그림을 보고 질문에 답하는 훈련을 통해 중국어 표현 능력을 향상시킬 수 있도록 하였습니다.

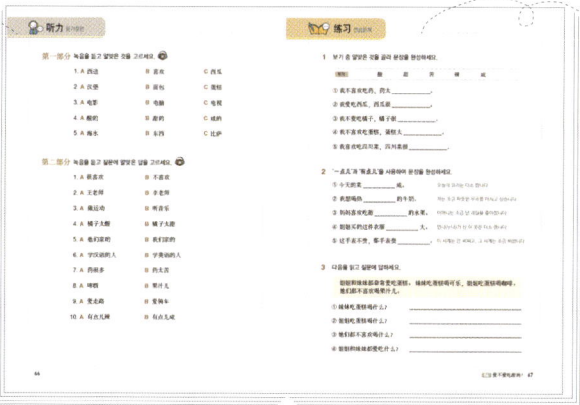

听力 듣기훈련

중국어 발음부터 간단한 회화까지, 중국어 듣기 능력을 향상시킬 수 있도록 하였습니다.

练习 연습문제

다양한 형식의 문제를 통해 각 과에서 학습한 내용을 중심으로 핵심 표현 및 어법 포인트를 점검할 수 있도록 하였습니다.

Zoom in China 줌 인 차이나

중국의 다양한 문화를 소개하여 중국을 더 가깝게 느낄 수 있도록 하였습니다.

7

※ 여러분의 중국어 학습을 도와줄 가족과 친구들을 소개합니다.

爸爸 bàba　妈妈 māma　弟弟 dìdi　妹妹 mèimei　姐姐 jiějie　哥哥 gēge　奶奶 nǎinai　爷爷 yéye

大卫
Dàwèi

素英
Sùyīng

王虹
Wáng Hóng

春美
Chūnměi

01

住哪儿?
Zhù nǎr?
어디에 삽니까?

课文 본문

 你住哪儿?
Nǐ zhù nǎr?

 我家在前门附近。
Wǒ jiā zài Qiánmén fùjìn.

 你家都有什么人?
Nǐ jiā dōu yǒu shénme rén?

 爷爷奶奶、爸爸妈妈、两个妹妹、
一个弟弟和我。
Yéye nǎinai、bàba māma、liǎng ge mèimei、yí ge dìdi hé wǒ.

 一共八口人吗?
Yígòng bā kǒu rén ma?

 是,我们是大家庭。
Shì, wǒmen shì dàjiātíng.

 生词 새로운 단어

住	zhù	살다, 거주하다
前门	Qiánmén	치엔먼
附近	fùjìn	부근, 근처
口	kǒu	식구
大家庭	dàjiātíng	대가족
公园	gōngyuán	공원
后边儿	hòubianr	뒤쪽
药店	yàodiàn	약국
车站	chēzhàn	정거장
银行	yínháng	은행
书店	shūdiàn	서점
超市	chāoshì	슈퍼마켓
对面	duìmiàn	맞은편
妻子	qīzi	아내
女儿	nǚ'ér	딸
儿子	érzi	아들
兄弟姐妹	xiōngdì jiěmèi	형제자매

- 어디 살아요?
- 우리 집은 치엔먼 근처에 있어요.
- 가족 구성원이 어떻게 되나요?
- 할아버지 할머니, 아버지 어머니, 여동생 두 명과 남동생 한 명 그리고 저예요.
- 모두 여덟 식구예요?
- 네, 우리는 대가족이에요.

语法 어법 포인트

1 방위사 (1)

장소, 위치, 방향을 나타내는 방위사는 단순방위사와 합성방위사로 구분할 수 있다. 단순방위사는 단독으로 사용하지 않고 다른 명사와 결합하여 사용한다.

1) 단순방위사

上	shàng	위
前	qián	앞
里	lǐ	안
左	zuǒ	좌

↔

下	xià	아래
后	hòu	뒤
外	wài	밖
右	yòu	우

- 门外有小狗。 Mén wài yǒu xiǎo gǒu. 문 밖에 강아지가 있습니다.
- 书包里都是书。 Shūbāo lǐ dōu shì shū. 책가방 안은 전부 책입니다.
- 你的帽子在桌子上。 Nǐ de màozi zài zhuōzi shang. 당신 모자가 테이블 위에 있습니다.

> 门 mén 문
> 桌子 zhuōzi 탁자, 테이블

2) 합성방위사

단순 접미사	上 shàng	下 xià	前 qián	后 hòu	里 lǐ	外 wài	左 zuǒ	右 yòu	旁 páng	对 duì
-边儿 -bianr	上边儿 위쪽	下边儿 아래쪽	前边儿 앞쪽	后边儿 뒤쪽	里边儿 안쪽	外边儿 바깥쪽	左边儿 왼쪽	右边儿 오른쪽	旁边儿 옆쪽 (biānr)	X
-面 -mian	上面 윗면	下面 아랫면	前面 앞면	后面 뒷면	里面 안쪽	外面 바깥쪽	左面 왼쪽	右面 오른쪽	X	对面 맞은편 (miàn)

- 旁边儿有笔。 Pángbiānr yǒu bǐ. 옆에 펜이 있습니다.
- 书店右边儿是大学。 Shūdiàn yòubianr shì dàxué. 서점 오른쪽은 대학교입니다.
- 冰箱里边儿有牛奶。 Bīngxiāng lǐbianr yǒu niúnǎi. 냉장고 안에 우유가 있습니다.
- 后边儿有一个大公园。 Hòubianr yǒu yí ge dà gōngyuán. 뒤쪽에 큰 공원이 하나 있습니다.

2 가족 구성원에 대해 묻고 답하기

'모두'라는 의미의 부사 '**都 dōu**'는 가족 구성원 전체가 누구누구로 구성되어 있는지 구체적으로 물을 때 사용되며, '합계'라는 의미의 부사 '**一共 yígòng**'은 식구가 모두 몇 명인지를 물을 때 사용된다. 식구 수를 셀 때는 양사 '**口 kǒu**'를 사용한다.

A : 你家都有什么人？ Nǐ jiā dōu yǒu shénme rén? 너희 가족 구성원은 어떻게 되니?
B : 我丈夫和我。 Wǒ zhàngfu hé wǒ. 우리 남편하고 나야.

A : 一共有几口人？ Yígòng yǒu jǐ kǒu rén? 식구가 전부 몇 명인가요?
B : 我家有两口人。 Wǒ jiā yǒu liǎng kǒu rén. 저희 집은 두 식구입니다.

丈夫 zhàngfu 남편

중국어와 한국어는 문장부호가 다릅니다. 중국어는 마침표로 '。'를 사용하며, 쉼표로는 '，'와 '、' 두 가지를 사용합니다. '**逗号 dòuhào**'라고 불리는 '，'는 한국어의 쉼표에 해당하며 문장에서의 일반적인 쉼을 나타냅니다. '、'는 '**顿号 dùnhào**'라고 불리는 모점으로, 문장에서 병렬 관계인 단어 또는 구의 나열을 나타냅니다.

- 我家有两口人，丈夫和我。
  Wǒ jiā yǒu liǎng kǒu rén, zhàngfu hé wǒ. 우리 집은 식구가 두 명인데, 남편하고 접니다.

- 桌子上有电脑、电话、书和笔。
  Zhuōzi shang yǒu diànnǎo、diànhuà、shū hé bǐ. 책상 위에 컴퓨터, 전화, 책과 펜이 있습니다.

 看图学习 그림학습

1 그림을 보며 큰소리로 따라하세요.

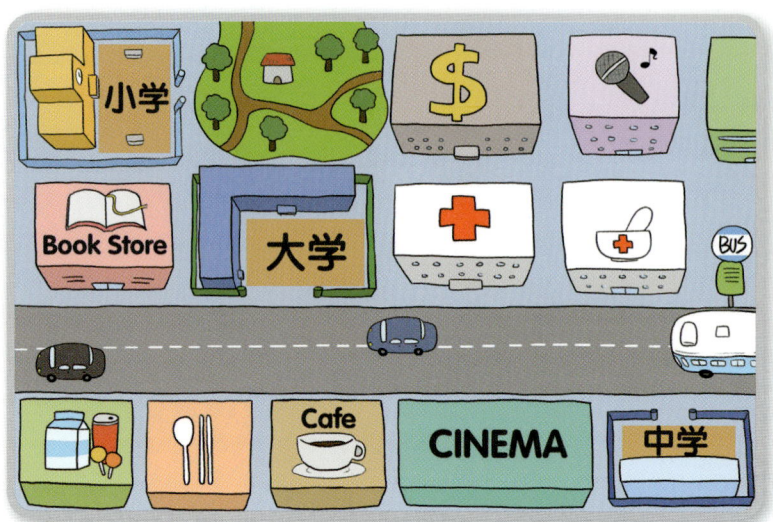

公园在大学后边儿。
Gōngyuán zài dàxué hòubianr.

药店在车站旁边儿。
Yàodiàn zài chēzhàn pángbiānr.

医院在银行前边儿。
Yīyuàn zài yínháng qiánbianr.

书店在超市对面。
Shūdiàn zài chāoshì duìmiàn.

▶ 그림을 보고 다음 질문에 답하세요.

1. 超市在哪儿?
2. 大学附近有什么?
3. 药店在医院里吗?
4. 银行旁边儿有什么?
5. 车站在不在药店对面?

2 그림을 보며 큰소리로 따라하세요.

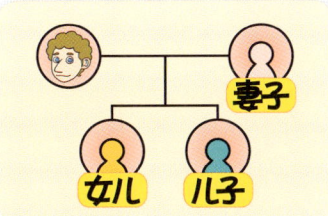
大卫家有四口人。
Dàwèi jiā yǒu sì kǒu rén.

他妻子、一个女儿、一个儿子和他。
Tā qīzi、yí ge nǚ'ér、yí ge érzi hé tā.

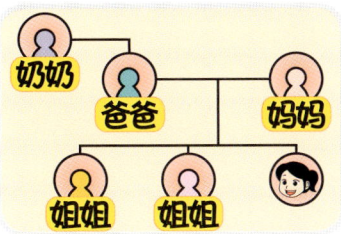
素英家有六口人。
Sùyīng jiā yǒu liù kǒu rén.

奶奶、爸妈、两个姐姐和她。
Nǎinai、bà mā、liǎng ge jiějie hé tā.

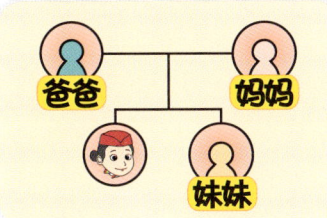
王虹家有四口人。
Wáng Hóng jiā yǒu sì kǒu rén.

爸妈、一个妹妹和她。
Bà mā、yí ge mèimei hé tā.

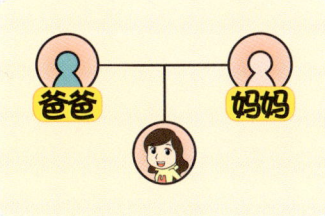
春美家有三口人。
Chūnměi jiā yǒu sān kǒu rén.

她没有兄弟姐妹。
Tā méiyǒu xiōngdì jiěmèi.

▶ 그림을 보고 다음 질문에 답하세요.

1. 谁家是大家庭?
2. 大卫家有几口人?
3. 王虹家谁是空姐?
4. 春美有没有弟弟?
5. 素英家都有什么人?

听力 듣기훈련

第一部分 녹음을 듣고 알맞은 것을 고르세요.

1. **A** 职员   **B** 五斤   **C** 附近
2. **A** 家庭   **B** 超市   **C** 前门
3. **A** 女儿   **B** 丈夫   **C** 妻子
4. **A** 后面   **B** 对面   **C** 前边
5. **A** 儿子   **B** 二月   **C** 椅子

第二部分 녹음을 듣고 질문에 알맞은 답을 고르세요.

1. **A** 住医院前面   **B** 住医院后面
2. **A** 是大家庭   **B** 不是大家庭
3. **A** 有药店   **B** 有超市
4. **A** 银行前面   **B** 银行对面
5. **A** 在书店   **B** 在药店
6. **A** 在我家左边儿   **B** 在我家右边儿
7. **A** 王老师的儿子   **B** 王老师的女儿
8. **A** 三口人   **B** 四口人
9. **A** 有爸爸   **B** 没有爸爸
10. **A** 她丈夫   **B** 他妻子

练习 연습문제

1 다음 대화를 알맞게 연결하세요.

① 你喝什么？　　　　　　　　　　　我是高中生。

② 你家在哪儿？　　　　　　　　　　我是韩国人。

③ 你是哪国人？　　　　　　　　　　我家有五口人。

④ 你是大学生吗？　　　　　　　　　我家在前门附近。

⑤ 你家有几口人？　　　　　　　　　我喝可乐。

2 동사 '是, 有, 在' 를 사용하여 문장을 완성하세요.

① 你家_____哪儿？

② 车站_____我家前面。

③ 你家都_____什么人？

④ 桌子上边儿_____两本书。

⑤ 他的爸爸妈妈都_____医生。

⑥ 你的英语老师_____哪国人？

3 다음을 읽고 질문에 답하세요.

> 我家后面有一个公园，公园旁边儿是医院。我有爸爸、妈妈和两个弟弟。

① 我家有几口人？　　　　_____

② 我有没有妹妹？　　　　_____

③ 我家在公园的哪边儿？　_____

④ 我家附近有没有医院？　_____

치엔먼

　치엔먼(前门 Qiánmén)은 티엔안먼 광장(天安门广场 Tiān'ānmén Guǎngchǎng) 남쪽에 위치한 500여 년의 역사를 지닌 건축물로 한국의 남대문과 같은 곳이라 할 수 있습니다. 명나라 시기 수도의 방어능력을 강화하기 위해 성문 바깥쪽에 전루(箭楼)를 보강하면서 지금의 모습을 갖추게 되었다고 합니다.

　오늘날의 치엔먼(前门)은 1914년 개축한 것으로 베이징 소재 전루(箭楼) 중 가장 높으며, 홀로 도로에 둘러싸여 있지만 웅장한 기백이 여전하고, 도심에서 보기 어려운 역사 유적으로서의 독특한 형식을 지니고 있어 베이징의 상징물 중 하나입니다.

02

做什么工作?
Zuò shénme gōngzuò?
무슨 일을 합니까?

课文 본문

你哥哥做什么工作？
Nǐ gēge zuò shénme gōngzuò?

他是公司职员。
Tā shì gōngsī zhíyuán.

你爸爸呢？
Nǐ bàba ne?

我爸爸做生意，他是老板。
Wǒ bàba zuò shēngyi, tā shì lǎobǎn.

你妈妈在哪儿工作？
Nǐ māma zài nǎr gōngzuò?

她在医院工作，她是医生。
Tā zài yīyuàn gōngzuò, tā shì yīshēng.

 **生词** 새로운 단어

做	zuò	…하다
工作	gōngzuò	일, 직업
生意	shēngyi	장사, 영업
在	zài	…에(서)
教	jiāo	가르치다, 수업하다
家庭主妇	jiātíng zhǔfù	가정 주부
学习	xuéxí	배우다, 공부하다
学生	xuésheng	학생
司机	sījī	기사, 운전사
散步	sàn bù	산책하다
餐厅	cāntīng	식당
饭	fàn	밥, 식사
咖啡厅	kāfēitīng	카페

- 너희 오빠는 무슨 일을 하시니?
- 그는 회사원이에요.
- 아버지께서는?
- 우리 아버지는 사업을 하세요, 사장님이시죠.
- 어머니께서는 어디서 일하시니?
- 어머니는 병원에서 일하세요, 의사시거든요.

 语法 어법 포인트

1 직업에 대해 묻고 답하기

상대방의 직업을 묻고자 할 때는 "您在哪儿工作？ Nín zài nǎr gōngzuò?"나 "您做什么工作? Nín zuò shénme gōngzuò?"로 질문할 수 있다. 이에 대한 답으로는 근무지나 직업을 나타내는 명사를 사용한 "我在…工作。 Wǒ zài … gōngzuò."나 "我是…。 Wǒ shì …."가 있다.

A : 您在哪儿工作？
    Nín zài nǎr gōngzuò?　어디에서 일하십니까?

B : 我在学校工作，是老师。
    Wǒ zài xuéxiào gōngzuò, shì lǎoshī.　저는 학교에서 일해요, 선생님입니다.

A : 您做什么工作？
    Nín zuò shénme gōngzuò?　무슨 일을 하십니까?

B : 我是老师。
    Wǒ shì lǎoshī.　저는 선생님입니다.

2 전치사 在

'在 zài'는 전치사로 쓰여 '…에서'의 의미를 나타내며, 동작이 행해지는 장소나 동작자가 존재하는 장소를 나타낸다.

- 我在书店买书。
  Wǒ zài shūdiàn mǎi shū.   저는 서점에서 책을 삽니다.

- 我在银行工作。
  Wǒ zài yínháng gōngzuò.   저는 은행에서 일합니다.

- 他在歌厅唱歌儿。
  Tā zài gētīng chàng gēr.   그는 노래방에서 노래를 부릅니다.

- 奶奶在超市买水果。
  Nǎinai zài chāoshì mǎi shuǐguǒ.   할머니는 슈퍼마켓에서 과일을 삽니다.

> 歌厅 gētīng 노래방
> 唱 chàng 노래하다

Plus ++

'生意 shēngyi'와 '买卖 mǎimai'는 모두 '장사', '사업'의 의미로, 중국인들은 이 두 가지 표현을 모두 즐겨 사용합니다. 손님이 많고 일손이 바쁜 가게를 가리켜 "**这家生意真好。** Zhè jiā shēngyi zhēn hǎo." 혹은 "**这家买卖不错。** Zhè jiā mǎimai búcuò."라고 표현하는 것을 종종 들을 수가 있습니다. 사업의 규모가 크지 않은 경우 '**做买卖**', '**做小生意**'와 같이 가볍게 표현하고, 규모가 큰 거래에는 '**做大生意**'라는 표현을 씁니다.

 看图学习 그림학습

1 그림을 보며 큰소리로 따라하세요.

他教书，他是老师。
Tā jiāo shū, tā shì lǎoshī.

她做菜，她是家庭主妇。
Tā zuò cài, tā shì jiātíng zhǔfù.

她学习，她是学生。
Tā xuéxí, tā shì xuésheng.

他开车，他是司机。
Tā kāi chē, tā shì sījī.

▶ 그림을 보고 다음 질문에 답하세요.

1. 谁做菜？
2. 老师做什么？
3. 学生做什么？
4. 司机做什么？
5. 他开车，他是不是老板？

2 그림을 보며 큰소리로 따라하세요.

奶奶在公园散步。
Nǎinai zài gōngyuán sàn bù.

爸爸在公司开会。
Bàba zài gōngsī kāi huì.

哥哥在餐厅吃饭。
Gēge zài cāntīng chī fàn.

姐姐在咖啡厅喝果汁儿。
Jiějie zài kāfēitīng hē guǒzhīr.

▶ 그림을 보고 다음 질문에 답하세요.

1. 小狗在哪儿?
2. 哥哥在家吃饭吗?
3. 奶奶在公园做什么?
4. 爸爸在公司做什么?
5. 姐姐在哪儿喝什么?

听力 듣기훈련

第一部分 녹음을 듣고 알맞은 것을 고르세요.

1. **A** 三年　　　　　　**B** 跑步　　　　　　**C** 散步
2. **A** 做菜　　　　　　**B** 书店　　　　　　**C** 餐厅
3. **A** 工作　　　　　　**B** 教书　　　　　　**C** 老师
4. **A** 做生意　　　　　**B** 大家庭　　　　　**C** 出租车
5. **A** 家庭主妇　　　　**B** 医院医生　　　　**C** 小学老师

第二部分 녹음을 듣고 질문에 알맞은 답을 고르세요.

1. **A** 老师　　　　　　　　　**B** 银行职员
2. **A** 在　　　　　　　　　　**B** 不在
3. **A** 在家做菜　　　　　　　**B** 在学校学习
4. **A** 他是老师　　　　　　　**B** 他是学生
5. **A** 学校　　　　　　　　　**B** 咖啡厅
6. **A** 回家　　　　　　　　　**B** 去超市
7. **A** 在公园　　　　　　　　**B** 在公司
8. **A** 司机　　　　　　　　　**B** 医生
9. **A** 餐厅老板　　　　　　　**B** 电脑生意
10. **A** 妹妹是学生　　　　　　**B** 姐姐妹妹都是学生

练习 연습문제

1 다음 질문에 알맞은 답을 고르세요.

① 你家都有什么人？
  A. 我家在美国　　　B. 爸爸、妈妈和我　　　C. 我家在学校附近

② 你妈妈做什么工作？
  A. 我妈妈在家　　　B. 我妈妈是老师　　　C. 我妈妈开车去超市

③ 你爸爸是不是老板？
  A. 我爸爸不在公司　　B. 我爸爸明天去北京　　C. 我爸爸做生意，他是老板

2 보기 중 알맞은 것을 골라 문장을 완성하세요.

> 보기　　老师　　学生　　老板　　医生　　司机　　职员

① 他在公司开车，他是 _____。

② 我妹妹在学校学习，她是 _____。

③ 我妈妈在学校教汉语，她是 _____。

④ 我爸爸做生意，他是 _____，他有很多职员。

⑤ 我哥哥在公司上班，他不是老板，他是 _____。

3 다음을 읽고 질문에 답하세요.

> 我早上在公园散步，中午在餐厅吃饭，下午在公司开会，晚上在咖啡厅喝果汁儿。

① 我早上做什么？　　_____

② 我中午在哪儿吃饭？　_____

③ 我什么时候在公司开会？_____

④ 我晚上在咖啡厅做什么？_____

아저씨

한국에서는 길을 묻거나 물건을 살 때 보통 성인 남성에게 '아저씨'라고 부르지만, 중국에서는 어떻게 불러야 할지 난처할 때가 많습니다. 중국에서는 간단하게 '师傅 shīfu'라고 부르면 됩니다.

홍콩 영화를 보면 엄청난 기술을 가진 고수에게 사람들이 두 손을 모아 "师傅！"라고 말하며 고개를 숙여 존경을 표하는 장면이 자주 등장합니다. '师傅'를 구성하는 두 글자는 모두 '스승'이라는 의미를 가지고 있기 때문에 중국 고대에는 영화에서처럼 '사부님', '스승님'이라는 뜻으로 주로 쓰였습니다. 오늘날에도 학문이나 기예 등 전문분야에서 스승으로 삼을 만큼 뛰어난 사람을 가리킬 때 이 표현을 쓰기는 하지만, '先生 xiānsheng', '前辈 qiánbèi' 등의 의미로도 통용되고 있습니다. 뿐만 아니라 버스나 택시 기사, 이발사, 요리사, 자동차 엔지니어, 경비원, 판매원 등에게도 '师傅'라는 호칭을 써서 친근감을 표현하기 때문에, 상대방을 잘 알지 못해도 이 호칭을 써서 도움을 청하거나 무언가를 물어 본다면 더욱 친절하게 도와줄 것입니다.

젊은 남성이나 여자들에게는 잘 쓰지 않으며, 보통 성(姓)을 '师傅' 앞에 붙여 "张师傅！", "李师傅！"라고 부르곤 합니다. 친근함의 표현일 뿐만 아니라 전문성을 나타내는 의미도 갖고 있기 때문에 중국에서는 상표에도 많이 쓰이고 있습니다.

03

要到哪儿去？
Yào dào nǎr qù?
어디로 가려고 합니까?

课文 본문

你要到哪儿去？
Nǐ yào dào nǎr qù?

我要去朋友家玩儿。
Wǒ yào qù péngyou jiā wánr.

朋友家在哪儿？
Péngyou jiā zài nǎr?

在东四医院南边儿。
Zài Dōngsì Yīyuàn nánbianr.

你回来吃饭吗？
Nǐ huílai chī fàn ma?

我回来吃。
Wǒ huílai chī.

生词

要	yào	…하려 하다
玩儿	wánr	놀다
东四医院	Dōngsì Yīyuàn	동쓰병원
南边儿	nánbianr	남쪽
天安门	Tiān'ānmén	티엔안먼
北京	Běijīng	(地) 베이징
市	shì	시 (행정구역 단위)
中心	zhōngxīn	중심, 센터
长城	Chángchéng	창청, 만리장성
北边儿	běibianr	북쪽
天坛	Tiāntán	티엔탄
东南边儿	dōngnánbianr	동남쪽, 남동쪽
颐和园	Yíhéyuán	이허위안
西北边儿	xīběibianr	서북쪽, 북서쪽

- 너 어디에 가려고 하니?
- 친구 집에 놀러 가려고요.
- 친구 집이 어디에 있는데?
- 동쓰병원 남쪽에 있어요.
- 다녀와서 밥 먹을 거니?
- 다녀와서 먹을게요.

语法 어법 포인트

1 조동사 要

조동사 '要 yào'는 동사 앞에 쓰여 말하는 사람의 소망이나 의지를 나타내며, '…하려 하다', '…해야만 한다'의 의미로 쓰인다.

- 他们要去哪儿？ Tāmen yào qù nǎr? 그들은 어디를 가려고 합니까?
- 我也要去香港。 Wǒ yě yào qù Xiānggǎng. 저도 홍콩에 가려고 합니다.

香港 Xiānggǎng (地) 홍콩

※ 동사 要와 조동사 要의 비교

동사 要	원하다 필요하다	你要哪个？ Nǐ yào nǎge? 당신은 어느 것을 원합니까? 我要一本书。 Wǒ yào yì běn shū. 저는 책 한 권이 필요합니다.
조동사 要	…하려 하다	你要买哪个？ Nǐ yào mǎi nǎge? 당신은 어느 것을 사려 합니까? 我要买一本书。 Wǒ yào mǎi yì běn shū. 저는 책 한 권을 사려 합니다.

2 연동문

두 개의 동사 혹은 동사구를 연이어 사용하는 문장을 '연동문'이라 한다. 연동문을 사용하여 뒤의 동작이 앞의 동작의 목적임을 나타낼 수 있다.

- 他去书店买书。 Tā qù shūdiàn mǎi shū. 그는 책을 사러 서점에 갑니다.
- 朋友要来我家玩儿。 Péngyou yào lái wǒ jiā wánr. 친구가 우리 집에 놀러 오려 합니다.

3 전치사 到

'到 dào'는 '…(으)로', '…까지'라는 의미로 동작 및 시간의 도착지점을 나타낸다.

- 你们到哪儿去？ Nǐmen dào nǎr qù? 당신들은 어디로 갑니까?
- 十二点到一点吃午饭。 Shí'èr diǎn dào yì diǎn chī wǔfàn. 12시에서 1시까지 점심을 먹습니다.

4 방위사 (2) ※ 12쪽 참고

西北边儿 xīběibianr 서북쪽	北边儿 běibianr 북쪽	东北边儿 dōngběibianr 동북쪽
西边儿 xībianr 서쪽		东边儿 dōngbianr 동쪽
西南边儿 xīnánbianr 서남쪽	南边儿 nánbianr 남쪽	东南边儿 dōngnánbianr 동남쪽

중국에서는 동남쪽, 남동쪽은 모두 '东南边儿 dōngnánbianr'로, 서북쪽, 북서쪽은 모두 '西北边儿 xīběibianr'로 표현합니다. 또한 한국에서는 주로 '동서남북'이라고 말하지만, 중국에서는 '东西南北 dōng xī nán běi'와 함께 지도상의 방위를 시계방향으로 읽은 '东南西北 dōng nán xī běi'라는 표현을 사용하기도 합니다.

 看图学习 그림학습

1 그림을 보며 큰소리로 따라하세요.

姐姐要吃苹果。
Jiějie yào chī píngguǒ.

爸爸要看电视。
Bàba yào kàn diànshì.

哥哥要去上班。
Gēge yào qù shàng bān.

妈妈要喝果汁儿。
Māma yào hē guǒzhīr.

▶ 그림을 보고 다음 질문에 답하세요.

1. 爸爸要做什么?
2. 妈妈要做菜吗?
3. 现在家里都有谁?
4. 哥哥要到哪儿去?
5. 苹果在哪儿? 谁要吃?

2 그림을 보며 큰소리로 따라하세요.

※ 故宫 Gùgōng 구궁   火车站 huǒchēzhàn 기차역   首都国际机场 Shǒudū Guójì Jīchǎng 수도 국제 공항

天安门在北京市中心。
Tiān'ānmén zài Běijīng shì zhōngxīn.

长城在天安门北边儿。
Chángchéng zài Tiān'ānmén běibianr.

天坛在天安门东南边儿。
Tiāntán zài Tiān'ānmén dōngnánbianr.

颐和园在天安门西北边儿。
Yíhéyuán zài Tiān'ānmén xīběibianr.

▶ 그림을 보고 다음 질문에 답하세요.

1. 故宫在哪儿？
2. 天安门前后都有什么？
3. 长城在颐和园哪边儿？
4. 北京火车站的南边儿是哪儿？
5. 首都国际机场在北京市中心吗？

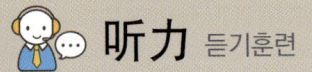 듣기훈련

第一部分 녹음을 듣고 알맞은 것을 고르세요.

1. A 朋友　　　　B 学生　　　　C 空姐
2. A 首都　　　　B 国际　　　　C 机场
3. A 电话　　　　B 电视　　　　C 电脑
4. A 北京市　　　B 天安门　　　C 做生意
5. A 东南边儿　　B 西北边儿　　C 东北边儿

第二部分 녹음을 듣고 질문에 알맞은 답을 고르세요.

1. A 书店　　　　B 朋友家
2. A 回家　　　　B 去日本
3. A 坐地铁去　　B 坐火车去
4. A 长城　　　　B 颐和园
5. A 咖啡　　　　B 果汁儿
6. A 明年　　　　B 后年
7. A 在家里吃　　B 在餐厅吃
8. A 回家　　　　B 去市中心
9. A 韩国　　　　B 美国
10. A 东南边儿　　B 西北边儿

练习 연습문제

1 보기와 같이 주어진 단어를 사용하여 문장을 만들어 보세요.

> 보기   爸爸 / 吃 / 西瓜 → 爸爸要吃西瓜。

① 姐姐 / 买 / 衣服 → _____

② 老师 / 去 / 书店 → _____

③ 弟弟 / 吃 / 蛋糕 → _____

④ 哥哥 / 去 / 中国 → _____

2 알맞은 어순으로 배열하여 문장을 완성하세요.

① 창청은 베이징의 북쪽에 있습니다.

> 北京   北边儿   在   长城

_____

② 언니(누나)는 케이크를 먹으려 하고, 형(오빠)는 커피를 마시려 합니다.

> 蛋糕   哥哥   要喝   姐姐   咖啡   要吃

_____

3 다음을 읽고 질문에 답하세요.

> 我们学校在北京市东南边儿，学校后边儿有公园和医院，旁边儿有超市和书店。车站在哪儿呢？车站在学校前边儿。

① 书店在哪儿？ _____

② 我们学校在哪儿？ _____

③ 学校附近有没有车站？ _____

④ 学校附近有没有公园？在哪儿？ _____

웰컴 투 베이징

※ **天安门** Tiān'ānmén 티엔안먼

　본래 명나라 궁궐의 정문이었던 티엔안먼(**天安门**)은 중화인민공화국 수립 해방 이후 대규모 확장 공사를 통해 100만 명을 수용할 수 있는 세계 최대의 광장이 되었습니다. 티엔안먼 광장(**天安门广场** Tiān'ānmén Guǎngchǎng) 주위에는 중앙관청들이 모여 있고, 국가적인 대행사에도 티엔안먼 광장(**天安门广场**)이 사용되곤 합니다.

※ **故宫** Gùgōng 구궁

　'자주색의 금지된 성(**紫禁城** Zǐjìnchéng)'이라고도 불리는 구궁(**故宫**)은 오늘날 중국에서 보전되고 있는 규모가 가장 크고도 완전한 황궁입니다.

※ **天坛** Tiāntán 티엔탄

　중국에서는 구궁(**故宫**)을 중심으로 베이징의 동서남북에 제단을 세워 매년 해, 달, 하늘, 땅에 제사를 지냈습니다. 베이징의 남쪽에 위치하고 있는 티엔탄(**天坛**)은 하늘에 나라의 안녕과 풍년을 기원하던 곳으로 유네스코 문화유산에도 등재되었습니다.

※ **颐和园** Yíhéyuán 이허위안

　본래 청나라의 여름 별궁으로 지어진 이허위안(**颐和园**)에서 가장 눈길을 끄는 것은 거대한 인공호수 쿤밍호(**昆明湖** Kūnmíng Hú)입니다. 북쪽에는 호수를 조성할 때 파낸 흙을 쌓아 만든 완수산(**万寿山** Wànshòu Shān)이 있습니다.

※ **长城** Chángchéng 창청

　중국을 통일한 진시황이 흉노족의 침입을 막기 위해 오래된 성벽들을 연결하여 창청(**长城**)을 건축하였고, 그 후 여러 황제들에 의해 대대적으로 확장되면서 오늘날에는 중국의 대표명물로 자리매김하게 되었습니다.

04

在干什么呢?

Zài gàn shénme ne?

무엇을 하고 있습니까?

 课文 본문

 你妈妈在家吗？
Nǐ māma zài jiā ma?

 在，她在厨房呢。
Zài, tā zài chúfáng ne.

 她在厨房干什么？
Tā zài chúfáng gàn shénme?

 在做晚饭呢。
Zài zuò wǎnfàn ne.

 你在干什么呢？
Nǐ zài gàn shénme ne?

 我在上网呢。
Wǒ zài shàng wǎng ne.

 生词 새로운 단어

厨房	chúfáng	부엌, 주방
干	gàn	…하다
在	zài	…하고 있다
晚饭	wǎnfàn	저녁밥
上网	shàng wǎng	인터넷하다
网吧	wǎngbā	PC방
图书馆	túshūguǎn	도서관
打电话	dǎ diànhuà	전화를 걸다
音乐	yīnyuè	음악
说话	shuō huà	말하다, 이야기하다

- 엄마 집에 계시니?
- 네, 어머니는 주방에 계세요.
- 주방에서 뭐 하시니?
- 저녁 하고 계세요.
- 너는 뭐하고 있니?
- 저는 인터넷하고 있어요.

语法 어법 포인트

1 진행을 나타내는 在

1) '**在**'는 부사로 쓰여 '지금 (막) …하고 있다', '…하고 있는 중 이다'라는 의미로 동작의 진행을 나타낸다. 주로 문장 끝에 어기조사 '**呢 ne**'가 함께 쓰인다.

- 奶奶在看电视呢。
  Nǎinai zài kàn diànshì ne.   할머니는 텔레비전을 보고 있습니다.

- 姐姐在听歌儿呢。
  Jiějie zài tīng gēr ne.   언니(누나)는 노래를 듣고 있습니다.

2) 동작의 진행을 부정할 때는 '**没(有) méi(yǒu)**'를 사용한다.

A : 他在看书吗?
　　Tā zài kàn shū ma?   그는 책을 보고 있니?

B : 没有，他在看电视。
　　Méiyǒu, tā zài kàn diànshì.   아니, 그는 텔레비전을 보고 있어.

3) 동작의 진행을 확인하고자 할 때는 '**不是 bú shì**'를 사용하여 부정할 수 있다.

A : 你是不是在睡觉?
　　Nǐ shì bu shì zài shuì jiào?   너는 자고 있니 자고 있지 않니?

B : 我不是在睡觉，在看书呢。
　　Wǒ bú shì zài shuì jiào, zài kàn shū ne.   나는 자고 있는 게 아니라 책을 보고 있어.

2 여러 가지 역할의 在

동사	…에 있다 (존재)	他在家。 Tā zài jiā.　그는 집에 있습니다. 你的书包在这儿。 Nǐ de shūbāo zài zhèr.　당신의 책가방은 여기에 있습니다.
전치사	…에(서) (장소, 범위 등)	我在家吃晚饭。 Wǒ zài jiā chī wǎnfàn.　저는 집에서 저녁을 먹습니다. 他在哪儿工作？ Tā zài nǎr gōngzuò?　그는 어디에서 일합니까?
부사	지금 (막) …하고 있다 (동작의 진행)	他在开会。 Tā zài kāi huì.　그는 회의 중 입니다. 我在听音乐呢。 Wǒ zài tīng yīnyuè ne.　저는 음악을 듣고 있습니다.

 **看图学习** 그림학습

1 그림을 보며 큰소리로 따라하세요.

妈妈不在家,在超市。
Māma bú zài jiā, zài chāoshì.

爸爸不在家,在公司。
Bàba bú zài jiā, zài gōngsī.

弟弟在网吧上网呢。
Dìdi zài wǎngbā shàng wǎng ne.

妹妹在图书馆学习呢。
Mèimei zài túshūguǎn xuéxí ne.

▶ 그림을 보고 다음 질문에 답하세요.

1. 妈妈在不在家?
2. 爸爸也不在家吗?
3. 弟弟在干什么呢?
4. 妹妹在哪儿学习?
5. 爸爸是不是在开会?

2 그림을 보며 큰소리로 따라하세요.

姐姐在打电话。
Jiějie zài dǎ diànhuà.

弟弟在听音乐。
Dìdi zài tīng yīnyuè.

妹妹在喝可乐。
Mèimei zài hē kělè.

爸爸和妈妈在说话。
Bàba hé māma zài shuō huà.

▶ 그림을 보고 다음 질문에 답하세요.

1. 谁在说话？
2. 他们都在哪儿？
3. 谁在哥哥旁边儿？
4. 爷爷奶奶在干什么？
5. 弟弟在干什么？妹妹呢？

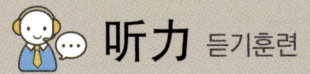

第一部分 녹음을 듣고 알맞은 것을 고르세요.

1. **A** 音乐　　　**B** 医院　　　**C** 英语
2. **A** 网吧　　　**B** 晚饭　　　**C** 上网
3. **A** 超市　　　**B** 做菜　　　**C** 妻子
4. **A** 看电视　　**B** 玩电脑　　**C** 打电话
5. **A** 大家庭　　**B** 做生意　　**C** 图书馆

第二部分 녹음을 듣고 질문에 알맞은 답을 고르세요.

1. **A** 在公司　　　**B** 在奶奶家
2. **A** 在家睡觉　　**B** 在网吧上网
3. **A** 看报纸　　　**B** 买水果
4. **A** 老师们　　　**B** 学生们
5. **A** 在厨房做菜　**B** 在家看电视
6. **A** 在喝可乐　　**B** 在吃汉堡
7. **A** 在学习　　　**B** 在玩儿
8. **A** 在说话　　　**B** 在听歌儿
9. **A** 在家　　　　**B** 不在家
10. **A** 在车里　　　**B** 在家里

练习 연습문제

1 다음 대화를 알맞게 연결하세요.

① 他是谁? ● ● 我在看电视。

② 你在干什么? ● ● 我要去朋友家。

③ 你们在哪儿? ● ● 他是我爸爸的同事。

④ 你要到哪儿去? ● ● 我们在超市买水果呢。

2 보기와 같이 '在'의 품사를 구분하여 올바르게 해석하세요.

> 보기   我妈妈在做晚饭呢。 → 우리 어머니는 저녁을 하고 있습니다.

① 他在睡觉呢。 → _____

② 王老板在不在那儿? → _____

③ 妹妹在学校学习呢。 → _____

④ 妈妈不在家，她在公司。 → _____

⑤ 弟弟在听歌儿，我在看书呢。 → _____

3 다음을 읽고 맞으면 'O', 틀리면 'X'를 표시하세요.

> 我爸爸做生意，他是老板。今天爸爸不在公司，他在北京开会，明天回来。

① 爸爸是公司职员。　　　　　　　　　　　　(　　　)

② 今天爸爸不在公司。　　　　　　　　　　　(　　　)

③ 明天爸爸去北京开会。　　　　　　　　　　(　　　)

④ 爸爸和老板一起去了中国。　　　　　　　　(　　　)

집 이야기

한국에서와 마찬가지로 중국에서도 서민층에게 내 집 장만은 '하늘의 별 따기'입니다. 베이징에서 2인 가정이 월급을 모아 집 한 채를 구입하려면 최소 30년이 걸린다고 하는데요. 중국인 사상 처음으로 노벨문학상을 받은 모옌(莫言)의 소망도 베이징에서 더 큰 집을 장만하고 싶다는 것이었습니다.

그렇다면 중국인들에게 좋은 집이란 어떤 것일까요? 환경적인 것도 중요하지만 집안 내부 구조도 무시할 수 없겠죠? 중국에서 주거공간들을 각각 어떻게 표현하는지 함께 알아봅시다.

阳台
yángtái
발코니

厨房
chúfáng
주방

客厅
kètīng
거실

卧室
wòshì
침실

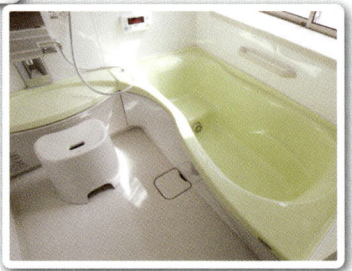

洗手间 / 卫生间
xǐshǒujiān / wèishēngjiān
화장실

05

吃饭了吗?
Chī fàn le ma?
식사했습니까?

课文 본문

你吃饭了吗?
Nǐ chī fàn le ma?

我已经吃了。
Wǒ yǐjīng chī le.

他吃没吃饭?
Tā chī méi chī fàn?

他还没吃呢。
Tā hái méi chī ne.

为什么?
Wèishénme?

他说不饿,不想吃。
Tā shuō bú è, bù xiǎng chī.

生词  새로운 단어

了	le	…했다 / 변화의 어기조사
已经	yǐjīng	이미, 벌써
还没	hái méi	아직 …하지 않다
为什么	wèishénme	왜, 어째서
说	shuō	말하다
饿	è	배고프다
想	xiǎng	…하고 싶다
东西	dōngxi	물건
碗	wǎn	그릇
休息	xiūxi	쉬다, 휴식

- 밥 먹었어?
- 난 벌써 먹었어.
- 쟤는 밥 먹었어 안 먹었어?
- 쟤는 아직 안 먹었어.
- 왜?
- 배고프지 않아서, 먹고 싶지 않대.

语法 어법 포인트

1 완료·실현의 了

1) 동사 뒤에 '**了** le'를 붙여 동작의 완료·실현을 나타낸다. 부정형식은 '**没(有)**'를 사용하며 이때 '**了**'는 쓰지 않는다.

- 他去了北京。 Tā qùle Běijīng. 그는 베이징에 갔습니다.
- 他没(有)去北京。 Tā méi(yǒu) qù Běijīng. 그는 베이징에 가지 않았습니다.

2) 의문문은 일반적으로 '**吗** 의문문'과 '정반의문문'을 사용하며, 평서문의 끝에 '**没有**'를 붙여 의문문을 만들 수 있다.

- 他去了北京吗? Tā qùle Běijīng ma? 그는 베이징에 갔습니까?
- 他去没去北京? Tā qù méi qù Běijīng? 그는 베이징에 갔습니까 안 갔습니까?
- 他去了北京没有? Tā qùle Běijīng méiyǒu? 그는 베이징에 갔습니까 안 갔습니까?

3) 주어, 동사, 목적어로 이루어진 간단한 문장의 동사 뒤에 '**了**'를 사용하는 경우, 목적어는 일반적으로 기타성분의 수식을 받는다.

- 我吃了一碗饭。 Wǒ chīle yì wǎn fàn. 저는 밥 한 그릇을 먹었습니다.
- 姐姐买了很多东西。 Jiějie mǎile hěn duō dōngxi. 언니(누나)는 많은 물건을 샀습니다.

4) '**了**'가 문장 끝에 놓이면 어떤 상황에 변화가 발생하였음을 확인·설명하는 어기조사가 된다.

- 外边儿下雨了。 Wàibianr xià yǔ le. 밖에 비가 옵니다.
- 哥哥有女朋友了。 Gēge yǒu nǚpéngyou le. 형(오빠)에게 여자 친구가 생겼습니다.

> **下雨** xià yǔ 비가 내리다
> **女朋友** nǚpéngyou 여자 친구

2 已经…了

'**已经** yǐjīng'은 '이미', '벌써'라는 의미로 어떠한 동작이 이미 실현되었음을 강조할 때 사용하며, 주로 문장 끝에 '**了**'를 동반한다.

- 老师已经来了。 Lǎoshī yǐjīng lái le. 선생님은 벌써 왔습니다.
- 爸爸已经吃午饭了。 Bàba yǐjīng chī wǔfàn le. 아버지는 이미 점심 식사를 했습니다.

3 还没…呢

부사 '还 hái'는 '아직'의 의미로 '没 méi'와 함께 쓰여 동작이 아직 실현되지 않았음을 강조한다. 문장 끝에 주로 지속의 어감을 주는 '呢'를 동반한다.

- 我还没吃呢。 Wǒ hái méi chī ne. 저는 아직 먹지 못했습니다.
- 朋友还没来呢。 Péngyou hái méi lái ne. 친구가 아직 오지 않았습니다.

4 想과 要

'想 xiǎng'과 '要 yào'는 소망·의욕을 나타내는 조동사로 '…하고 싶다', '…하려 하다'라는 의미이며, 부정형식은 모두 '不想 bù xiǎng'을 사용한다.

- 他想去日本。 Tā xiǎng qù Rìběn. 그는 일본에 가고 싶습니다.
- 他不想去日本。 Tā bù xiǎng qù Rìběn. 그는 일본에 가고 싶지 않습니다.
- 我要吃中国菜。 Wǒ yào chī Zhōngguó cài. 저는 중국 요리를 먹으려 합니다.
- 我不想吃中国菜。 Wǒ bù xiǎng chī Zhōngguó cài. 저는 중국 요리가 먹기 싫습니다.

소망과 의욕을 나타내는 조동사 '要'를 부정하면 '…하지 마라', '…해서는 안 된다'라는 금지의 표현이 됩니다.

- 不要说话。 Bú yào shuō huà. 말하지 마세요.
- 不要和他一起去。 Bú yào hé tā yìqǐ qù. 그와 함께 가지 마세요.

 看图学习 그림학습

1 그림을 보며 큰소리로 따라하세요.

爷爷喝了。
Yéye hē le.

妈妈已经下班了。
Māma yǐjīng xià bān le.

姐姐买了很多东西。
Jiějie mǎile hěn duō dōngxi.

哥哥一碗也没吃。
Gēge yì wǎn yě méi chī.

▶ 그림을 보고 다음 질문에 답하세요.

1. 爷爷喝了吗？
2. 哥哥吃没吃饭？
3. 妈妈还没下班吗？
4. 谁买了很多东西？
5. 妹妹买没买东西？

2 그림을 보며 큰소리로 따라하세요.

不想学习，要玩儿电脑。
Bù xiǎng xuéxí, yào wánr diànnǎo.

不想做饭，想休息。
Bù xiǎng zuò fàn, xiǎng xiūxi.

不想看书，要睡觉。
Bù xiǎng kàn shū, yào shuì jiào.

不想吃汉堡，想吃米饭。
Bù xiǎng chī hànbǎo, xiǎng chī mǐfàn.

▶ 그림을 보고 다음 질문에 답하세요.

1. 谁不想学习？
2. 姐姐想干什么？
3. 妹妹要做什么？
4. 爷爷要吃汉堡吗？
5. 妈妈为什么不想做饭？

听力 듣기훈련

第一部分 녹음을 듣고 알맞은 것을 고르세요.

1. **A** 眼镜 　　　　　**B** 已经 　　　　　**C** 镜子
2. **A** 睡觉 　　　　　**B** 长城 　　　　　**C** 学习
3. **A** 散步 　　　　　**B** 休息 　　　　　**C** 车站
4. **A** 面包 　　　　　**B** 汉堡 　　　　　**C** 米饭
5. **A** 一碗 　　　　　**B** 已经 　　　　　**C** 一元

第二部分 녹음을 듣고 질문에 알맞은 답을 고르세요.

1. **A** 吃了 　　　　　　　　**B** 没吃
2. **A** 想吃饭 　　　　　　　**B** 想吃水果
3. **A** 想在家休息 　　　　　**B** 想出去买衣服
4. **A** 还没睡觉 　　　　　　**B** 已经睡觉了
5. **A** 妹妹 　　　　　　　　**B** 弟弟和妹妹
6. **A** 吃了两碗 　　　　　　**B** 一碗也没吃
7. **A** 起床了 　　　　　　　**B** 没起床
8. **A** 想在家吃饭 　　　　　**B** 想在餐厅吃饭
9. **A** 要去医院 　　　　　　**B** 要去颐和园
10. **A** 我们 　　　　　　　　**B** 爷爷和奶奶

练习 연습문제

1 보기 중 알맞은 것을 골라 빈칸을 채우세요.

| 보기 | 吃　喝　看　玩儿　打　上　说　做　开　学　听 |

① _____ 汉堡　　② _____ 网　　③ _____ 音乐

④ _____ 汉语　　⑤ _____ 话　　⑥ _____ 可乐

⑦ _____ 车　　　⑧ _____ 电话　⑨ _____ 电视

⑩ _____ 会　　　⑪ _____ 生意　⑫ _____ 电脑

2 보기와 같이 주어진 단어를 사용하여 문장을 만들어 보세요.

| 보기 | 我 / 吃 → 我已经吃了。　저는 이미 먹었습니다. |
| | 他 / 说 → 他还没说呢。　그는 아직 말하지 않았습니다. |

① 奶奶 / 喝　　　　→ _____　할머니는 아직 마시지 않았습니다.

② 爸爸 / 下班　　　→ _____　아버지는 벌써 퇴근했습니다.

③ 妹妹 / 买水果　　→ _____　여동생은 아직 과일을 사지 않았습니다.

④ 弟弟 / 吃两碗饭　→ _____　남동생은 벌써 두 그릇을 먹었습니다.

3 보기와 같이 주어진 단어를 사용하여 질문에 답하세요.

| 보기 | 你要看书吗？（睡觉）　→　我不想看书，要睡觉。 |

① 你想吃面包吗？(吃米饭)　→ _____

② 你要唱歌儿吗？(听歌儿)　→ _____

③ 你要学英语吗？(学汉语)　→ _____

④ 你想去故宫吗？(去颐和园)　→ _____

⑤ 你要看电视吗？(玩儿电脑)　→ _____

중국인의 아침

하루 세 끼 밥이 최고인 한국인은 아침에도 밥을 잘 챙겨먹는 편입니다. 하지만 뜻밖에도 '의식주(衣食住)' 중 '식(食)'을 으뜸으로 꼽는 중국인들은 오래 전부터 간단한 아침식사를 해왔다고 하는데요, 특히 도시에서는 밥을 짓거나 하는 법이 없이 대부분 집 근처의 매점에서 사다 먹거나 한답니다. '죽(粥 zhōu)'은 많은 중국인들이 즐겨 먹는 아침 먹거리 중 하나로 가격도 싸고 양도 많은 데다, 건강에도 좋으니 그야말로 일석삼조라고 하겠네요!

중국인들이 아침 식사로 즐겨먹는 음식에는 또 어떤 것들이 있는지 함께 알아볼까요?

※ 豆浆 dòujiāng 또우지앙 / 油条 yóutiáo 요우티아오

또우지앙(豆浆)은 대두를 물에 불린 후 갈고, 거르고, 끓이는 과정을 거쳐 만든 콩 음료입니다. 담백하고 고소한 맛은 기본, 영양이 풍부하고 소화가 잘 되어 중국인들의 아침메뉴로 인기 만점이라고 해요. 요우티아오(油条)는 밀가루 반죽을 발효시킨 후 길게 늘여 꽈배기 모양으로 기름에 튀긴 음식으로, 맛은 약간 짭짤하고 겉은 바삭바삭하며 속은 스펀지처럼 구멍이 숭숭 뚫려 있습니다. 고소한 또우지앙(豆浆)과 함께 먹으면 그야말로 찰떡궁합!

※ 馒头 mántou 만터우 / 包子 bāozi 빠오즈

중국인들의 아침 식사에서 빼놓을 수 없는 것이 바로 만두입니다. 만두소와 크기, 만드는 방식은 천차만별이지만 가장 보편적으로 즐겨 먹는 것은 소를 넣지 않은 찐빵으로 만터우(馒头)라 불립니다. 팥, 고기, 야채, 달걀 노른자, 검은깨 등으로 소를 채운 만두는 빠오즈(包子)라고 합니다.

爱不爱吃甜的?

Ài bu ài chī tián de?

단 음식을 즐겨 먹습니까?

课文 본문

你喜欢吃蛋糕吗?
Nǐ xǐhuan chī dàngāo ma?

蛋糕太甜,我不爱吃。
Dàngāo tài tián, wǒ bú ài chī.

我们点一个比萨吧。
Wǒmen diǎn yí ge bǐsà ba.

我爱吃比萨!
Wǒ ài chī bǐsà!

我喝可乐。
Wǒ hē kělè.

我不爱喝可乐,我想喝咖啡。
Wǒ bú ài hē kělè, wǒ xiǎng hē kāfēi.

生词 새로운 단어

喜欢	xǐhuan	좋아하다
太	tài	너무
甜	tián	달다
爱	ài	즐기다, 좋아하다
点	diǎn	주문하다
比萨	bǐsà	피자
酸	suān	시다
药	yào	약
有点儿	yǒudiǎnr	조금, 약간
苦	kǔ	쓰다
四川	Sìchuān	(地) 쓰촨
辣	là	맵다
海水	hǎishuǐ	바닷물, 해수
非常	fēicháng	대단히, 매우
咸	xián	짜다
电影	diànyǐng	영화
运动	yùndòng	운동

- 케이크 좋아해요?
- 케이크는 너무 달아서 즐겨 먹진 않아요.
- 우리 피자 하나 주문하죠.
- 피자는 좋아해요!
- 난 콜라 마실게요.
- 난 콜라를 즐겨 마시지 않아요, 커피 마시고 싶어요.

语法 어법 포인트

1 爱와 喜欢

1) '**爱** ài'와 '**喜欢** xǐhuan'은 모두 '아끼다', '좋아하다'라는 뜻이지만 사람이 대상일 때 '**爱**'는 '사랑하다'의 의미로, '**喜欢**'은 '좋아하다'의 의미로 쓰여 감정에 차이가 있다.

- 我爱你。 Wǒ ài nǐ. 저는 당신을 사랑합니다.
- 我喜欢你。 Wǒ xǐhuan nǐ. 저는 당신을 좋아합니다.

2) '**爱**'는 '…(하기를) 좋아하다', '즐겨 …하다'라는 의미로 '…(하기를) 좋아하다'란 의미의 '**喜欢**'보다 어감이 약간 강하다. 부정형식에는 '**不**'를 사용하고, 의문문은 '**吗** 의문문'과 '정반의문문'을 사용한다.

- 我爱喝可乐。 Wǒ ài hē kělè. 저는 콜라를 즐겨 마십니다.
- 我不爱喝可乐。 Wǒ bú ài hē kělè. 저는 콜라를 즐겨 마시지 않습니다.
- 你爱不爱喝可乐? Nǐ ài bu ài hē kělè? 당신은 콜라를 즐겨 마십니까 즐겨 마시지 않습니까?
- 他喜欢唱歌儿。 Tā xǐhuan chàng gēr. 그는 노래 부르는 것을 좋아합니다.
- 他不喜欢唱歌儿。 Tā bù xǐhuan chàng gēr. 그는 노래 부르는 것을 좋아하지 않습니다.
- 他喜欢唱歌儿吗? Tā xǐhuan chàng gēr ma? 그는 노래 부르는 것을 좋아합니까?

2 一点儿과 有点儿

'**一点儿** yìdiǎnr'과 '**有点儿** yǒudiǎnr'은 모두 '조금'이라는 뜻을 가지고 있지만, 객관적 차이를 나타내는 '**一点儿**'과는 달리 '**有点儿**'은 말하는 사람의 부정적인 어감을 포함하고 있다.

1) '**一点儿**'은 동사나 형용사 뒤에서 정도가 가볍다는 어감을 준다.

- 多吃一点儿! Duō chī yìdiǎnr! 좀 더 드세요!
- 今天热一点儿。 Jīntiān rè yìdiǎnr. 오늘은 좀 덥습니다.

2) '**有点儿**'은 소극적 의미의 동사나 형용사 앞에 쓰여 부정적 어감을 강조한다.

- 今天有点儿热。 Jīntiān yǒudiǎnr rè. 오늘은 다소 덥습니다. (더워서 싫다.)
- 我有点儿不高兴。 Wǒ yǒudiǎnr bù gāoxìng. 기분이 좀 좋지 않습니다.

> 高兴 gāoxìng 기뻐하다, 즐거워하다

3 여러 가지 정도부사

很 hěn 매우	更 gèng 더욱	非常 fēicháng 대단히	最 zuì 가장
一点儿 yìdiǎnr 조금	有点儿 yǒudiǎnr 다소	不太 bú tài 그다지	太 tài 너무

4 여러 가지 미각 표현

酸 suān 시다	甜 tián 달다	苦 kǔ 쓰다	辣 là 맵다	咸 xián 짜다	淡 dàn 싱겁다

Plus ++

'세상살이 단맛 쓴맛 다 보았다'는 말이 있습니다. 많은 고생을 하고 녹록치 않은 인생역정을 지나온 사람들이 주로 쓰는 표현인데요, 중국에도 이와 비슷한 표현이 있습니다. 한국어보다 더 다양하게 세상의 온갖 고초를 '신맛 단맛 쓴맛 매운맛(酸甜苦辣 suān tián kǔ là)'에 비유하여 표현하고는 합니다. '人生的酸甜苦辣 rénshēng de suān tián kǔ là (인생의 신맛 단맛 쓴맛 매운맛)' 혹은 '人生有酸甜苦辣 rénshēng yǒu suān tián kǔ là (인생을 살다 보면 신맛 단맛 쓴맛 매운맛이 있다)'의 형식으로 주로 쓰입니다.

看图学习 그림학습

1 그림을 보며 큰소리로 따라하세요.

> 橘子不太酸。
> Júzi bú tài suān.
>
> 药有点儿苦。
> Yào yǒudiǎnr kǔ.
>
> 四川菜很辣。
> Sìchuān cài hěn là.
>
> 海水非常咸。
> Hǎishuǐ fēicháng xián.

▶ 그림을 보고 다음 질문에 답하세요.

1. 什么非常咸?
2. 橘子很酸吗?
3. 药好不好吃?
4. 四川菜辣不辣?
5. 四川菜是不是很甜?

2 그림을 보며 큰소리로 따라하세요.

哥哥爱喝啤酒。
Gēge ài hē píjiǔ.

弟弟喜欢看电影。
Dìdi xǐhuan kàn diànyǐng.

姐姐不爱做饭。
Jiějie bú ài zuò fàn.

妹妹不喜欢运动。
Mèimei bù xǐhuan yùndòng.

▶ 그림을 보고 다음 질문에 답하세요.

1. 谁不爱做饭？
2. 哥哥爱喝什么？
3. 弟弟喜欢看什么？
4. 妹妹喜不喜欢运动？
5. 哥哥想喝葡萄酒吗？

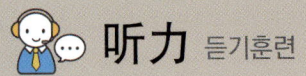 听力 듣기훈련

第一部分 녹음을 듣고 알맞은 것을 고르세요.

1. A 西边　　　B 喜欢　　　C 西瓜
2. A 汉堡　　　B 面包　　　C 蛋糕
3. A 电影　　　B 电脑　　　C 电视
4. A 酸的　　　B 甜的　　　C 咸的
5. A 海水　　　B 东西　　　C 比萨

第二部分 녹음을 듣고 질문에 알맞은 답을 고르세요.

1. A 很喜欢　　　B 不喜欢
2. A 王老师　　　B 李老师
3. A 做运动　　　B 听音乐
4. A 橘子太酸　　B 橘子太甜
5. A 他们家的　　B 我们家的
6. A 学汉语的人　B 学英语的人
7. A 药很多　　　B 药太苦
8. A 啤酒　　　　B 果汁儿
9. A 爱走路　　　B 爱骑车
10. A 有点儿辣　　B 有点儿咸

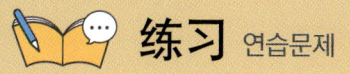

1 보기 중 알맞은 것을 골라 문장을 완성하세요.

| 보기 | 酸 甜 苦 辣 咸 |

① 我不喜欢吃药，药太_____。

② 我爱吃西瓜，西瓜很_____。

③ 我不爱吃橘子，橘子很_____。

④ 我不喜欢吃蛋糕，蛋糕太_____。

⑤ 我喜欢吃四川菜，四川菜很_____。

2 '一点儿'과 '有点儿'을 사용하여 문장을 완성하세요.

① 今天的菜_____咸。　　　　오늘의 요리는 다소 짭니다.

② 我想喝热_____的牛奶。　　저는 조금 따뜻한 우유를 마시고 싶습니다.

③ 妈妈喜欢吃甜_____的水果。어머니는 조금 단 과일을 좋아합니다.

④ 姐姐买的这件衣服_____大。언니(누나)가 산 이 옷은 다소 큽니다.

⑤ 这手表不贵，那手表贵_____。이 시계는 안 비싸고, 그 시계는 조금 비쌉니다.

3 다음을 읽고 질문에 답하세요.

> 姐姐和妹妹都非常爱吃蛋糕。妹妹吃蛋糕喝可乐，姐姐吃蛋糕喝咖啡。她们都不喜欢喝果汁儿。

① 妹妹吃蛋糕喝什么？　_____

② 姐姐吃蛋糕喝什么？　_____

③ 她们都不喜欢喝什么？　_____

④ 姐姐和妹妹都爱吃什么？　_____

중국의 패스트푸드점

중국에도 한국에서 쉽게 만날 수 있는 다양한 기업의 패스트푸드점(**快餐店** kuàicāndiàn)들이 입점해 있습니다. 외국 기업이 중국에 진출하게 되면 기업이나 제품 및 서비스 명칭을 중국어로 등록하게 되는데요, 중국의 일반 소비자들이 영어식 명칭을 중국어로 음역하여 부르는 언어습관을 오랫동안 유지해 왔기 때문입니다. 중국어로 된 다양한 패스트푸드점들의 이름을 함께 알아보면서 각 패스트푸드점들의 특징이 잘 살아 있는지 살펴봅시다.

麦当劳
Màidāngláo
맥도날드

派派思
Pàipàisī
파파이스

乐天利
Lètiānlì
롯데리아

肯德基
Kěndéjī
KFC

唐恩都乐
Táng'ēndōulè
던킨도너츠

汉堡王
Hànbǎowáng
버거킹

米斯特比萨
Mǐsītèbǐsà
미스터피자

必胜客
Bìshèngkè
피자헛

星巴克
Xīngbākè
스타벅스

07

和谁一起去？

Hé shéi yìqǐ qù?

누구와 함께 갑니까?

课文 본문

周末你要做什么？
Zhōumò nǐ yào zuò shénme?

我想去看电影。
Wǒ xiǎng qù kàn diànyǐng.

你一个人去看吗？
Nǐ yí ge rén qù kàn ma?

不，我和朋友一起去。
Bù, wǒ hé péngyou yìqǐ qù.

你们看几点的？
Nǐmen kàn jǐ diǎn de?

从七点二十到九点的。
Cóng qī diǎn èrshí dào jiǔ diǎn de.

生词 새로운 단어

☐ 一个人	yí ge rén	혼자
☐ 和…一起	hé…yìqǐ	…와(과) 함께
☐ 从…到…	cóng…dào…	…부터 …까지
☐ 家人	jiārén	가족
☐ 旅游	lǚyóu	여행, 여행하다
☐ 上海	Shànghǎi	(地) 상하이
☐ 去年	qùnián	작년

- 주말에 뭐 할 거니?
- 영화 보러 가려구.
- 혼자 보러 가니?
- 아니, 친구랑 같이 가.
- 너희들 몇 시에 하는 영화 보는데?
- 7시 20분부터 9시까지 하는 영화야.

语法 어법 포인트

1 和

1) A 和 B

'和 hé'는 '…와(과)'의 뜻으로 명사, 대명사 등의 병렬을 나타낸다. 병렬되는 것이 둘 이상일 경우에는 마지막 두 대상 사이에 '和'가 위치한다.

- 老师和我们都是中国人。
  Lǎoshī hé wǒmen dōu shì Zhōngguó rén.　선생님과 우리는 모두 중국인입니다.

- 冰箱里有西瓜、苹果、橘子和葡萄。
  Bīngxiāng lǐ yǒu xīguā、píngguǒ、júzi hé pútao.　냉장고 안에 수박, 사과, 귤과 포도가 있습니다.

2) 和…一起

'和'는 '함께'라는 의미의 '一起 yìqǐ'나 '一块儿 yíkuàir'과 함께 쓰여 둘 이상의 동작 대상을 동시에 나타낼 수 있다.

- 我和他们一起坐车去。
  Wǒ hé tāmen yìqǐ zuò chē qù.　저는 그들과 함께 차를 타고 갑니다.

- 你和谁一块儿学汉语?
  Nǐ hé shéi yíkuàir xué Hànyǔ?　당신은 누구와 함께 중국어를 공부합니까?

> 一起 yìqǐ 함께, 같이
> 一块儿 yíkuàr 함께, 같이

2 전치사 从

1) '从 cóng'은 '…에서', '…부터의' 의미로 장소·시간의 출발점을 나타낸다.

- 他从韩国回来了。
  Tā cóng Hánguó huílai le.   그는 한국에서 돌아왔습니다.

- 他从上边儿下来了。
  Tā cóng shàngbianr xiàlai le.   그는 위에서 내려왔습니다.

2) '从…到…'는 '…에서 …까지'의 의미로 장소·시간·범위 등의 발전이나 변화를 나타낸다.

- 从早到晚都不休息。
  Cóng zǎo dào wǎn dōu bù xiūxi.   아침부터 저녁까지 전혀 쉬지 않습니다.

- 从韩国到日本坐什么去?
  Cóng Hánguó dào Rìběn zuò shénme qù?   한국에서 일본까지 무엇을 타고 갑니까?

한국에서 '7:00 pm'을 '오후 7시' 혹은 '저녁 7시'라고 말하는 것처럼, 중국에서도 '**下午七点**'이나 '**晚上七点**'을 모두 사용합니다. 하지만 '11:00 pm'의 경우에는 '밤 11시'라고 하고 '오후 11시'라고 하지 않는 것처럼 중국에서도 '**晚上十一点**'라고 표현합니다. 이처럼 아침과 오전, 오후와 저녁을 나누는 기준은 한국과 중국이 서로 같습니다.

 看图学习 그림학습

1 그림을 보며 큰소리로 따라하세요.

我一个人学习。
Wǒ yí ge rén xuéxí.

我一个人去散步。
Wǒ yí ge rén qù sàn bù.

我和家人一起去旅游。
Wǒ hé jiārén yìqǐ qù lǚyóu.

我和老师一起去看电影。
Wǒ hé lǎoshī yìqǐ qù kàn diànyǐng.

▶ 그림을 보고 다음 질문에 답하세요.

1. 弟弟在干什么？
2. 王虹家有几口人？
3. 姐姐和谁一起散步？
4. 大卫一个人去看电影吗？
5. 王虹和家人一起去干什么？

2 그림을 보며 큰소리로 따라하세요.

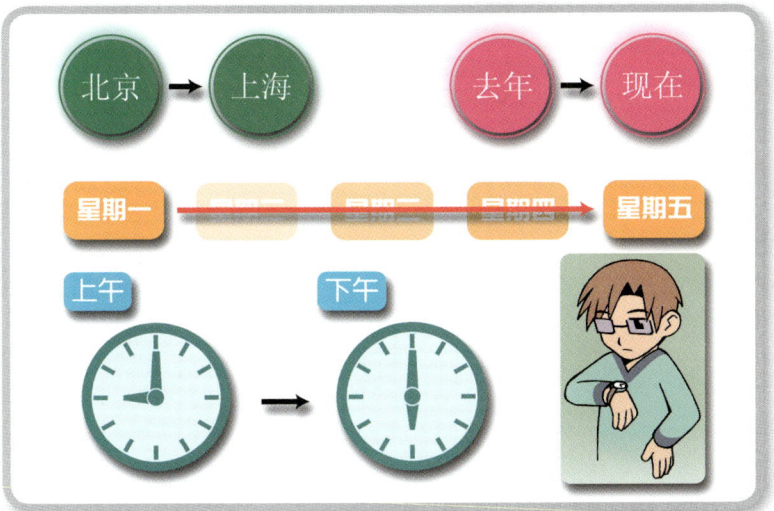

从北京到上海。
Cóng Běijīng dào Shànghǎi.

从去年到现在。
Cóng qùnián dào xiànzài.

从星期一到星期五。
Cóng xīngqīyī dào xīngqīwǔ.

从上午九点到下午六点。
Cóng shàngwǔ jiǔ diǎn dào xiàwǔ liù diǎn.

▶ 그림을 보고 다음 질문에 답하세요.

1. 从哪儿到上海？
2. 从九点到几点？
3. 从星期一到星期几？
4. 从去年到什么时候？
5. 从什么时候到下午？

听力 듣기훈련

第一部分 녹음을 듣고 알맞은 것을 고르세요.

1. **A** 一碗　　　**B** 一斤　　　**C** 一起
2. **A** 星期　　　**B** 周末　　　**C** 九点
3. **A** 旅游　　　**B** 没有　　　**C** 散步
4. **A** 一个人　　**B** 几个人　　**C** 一口人
5. **A** 图书馆　　**B** 电影院　　**C** 大餐厅

第二部分 녹음을 듣고 질문에 알맞은 답을 고르세요.

1. **A** 她一个人去　　　　**B** 和爸爸一起去
2. **A** 从星期一到星期五　**B** 星期六和星期天
3. **A** 跑步　　　　　　　**B** 看电影
4. **A** 上午九点　　　　　**B** 下午两点
5. **A** 家　　　　　　　　**B** 超市
6. **A** 坐地铁去　　　　　**B** 坐出租车去
7. **A** 中国　　　　　　　**B** 美国
8. **A** 飞机　　　　　　　**B** 火车
9. **A** 前年　　　　　　　**B** 去年
10. **A** 走路去　　　　　　**B** 骑车去

练习 연습문제

1 다음 단어의 한어병음을 표기하세요.

① 电影 _____   ② 周末 _____   ③ 学习 _____

④ 旅游 _____   ⑤ 星期 _____   ⑥ 图书馆 _____

⑦ 厨房 _____   ⑧ 附近 _____   ⑨ 朋友 _____

2 보기와 같이 주어진 단어를 사용하여 질문에 답하세요.

> 보기   你什么时候在家？(早上~中午) → 我从早上到中午在家。

① 你几点开会？(9:00~10:00) → _____

② 你昨天工作了吗？(早上~晚上) → _____

③ 你什么时候上班？(星期一~星期五) → _____

④ 这火车要到哪儿去？(北京~上海) → _____

⑤ 你什么时候学了汉语？(前年~去年) → _____

3 보기와 같이 주어진 단어를 사용하여 문장을 바꾸어 보세요.

> 보기   我去看电影。(和朋友一起) → 我和朋友一起去看电影。
> 周末我去游泳。(一个人) → 周末我一个人去游泳。

① 我吃晚饭。(和家人一起) → _____

② 我在图书馆学习。(一个人) → _____

③ 奶奶去公园散步。(和爷爷一起) → _____

④ 我不喜欢去咖啡厅。(一个人) → _____

중국에서 영화보기

중국에서는 일반적으로 영화관을 '电影院 diànyǐngyuàn'이라고 하지만, 최근에 많아진 대형 영화관들은 '影城 yǐngchéng'이라고 불리기도 합니다.

중국의 영화관도 한국과 마찬가지로 매표소나 인터넷에서 영화표를 구입할 수 있습니다. 인터넷 예매는 보통 영화관이나 영화를 먼저 결정하고, 시간과 자리를 선택한 후, 필요에 따라 음료나 간식거리를 선택하고 결제를 하는 방식으로 진행됩니다. 경우에 따라 영화표(**电影票 diànyǐngpiào**)와 팝콘(**爆米花 bàomǐhuā**), 콜라(**可乐 kělè**)를 세트로 판매하는 경우도 있습니다.

영화표의 가격은 상영시간이나 영화관마다 다릅니다. 이른 아침이나 늦은 저녁시간에는 다른 시간에 비해 저렴하고, 학생증이 있는 학생이라면 학생 할인도 받을 수 있습니다.

중국은 비교적 문맹률이 높기 때문에 외화의 경우 대부분 중국어로 더빙하여 상영합니다. 그러나 '**国际 guójì**'라고 쓰여진 영화관에서는 중국어 더빙보다 중국어 자막을 통해 상영하는 경우가 더 많다고 합니다.

08

是从哪儿来的?

Shì cóng nǎr lái de?

어디에서 왔습니까?

课文 본문

你是从哪儿来的?
Nǐ shì cóng nǎr lái de?

我是从韩国首尔来的。
Wǒ shì cóng Hánguó Shǒu'ěr lái de.

你是什么时候来的?
Nǐ shì shénme shíhou lái de?

我是上个星期来的。
Wǒ shì shàng ge xīngqī lái de.

你是来工作的吗?
Nǐ shì lái gōngzuò de ma?

是，我是来工作的。
Shì, wǒ shì lái gōngzuò de.

生词 새로운 단어

- 来　　　　　　　lái　　　　　　　　오다
- 首尔　　　　　　Shǒu'ěr　　　　　　(地) 서울
- 上(个)星期　　　shàng (ge) xīngqī　지난주
- 火车　　　　　　huǒchē　　　　　　기차
- 出差　　　　　　chūchāi　　　　　　출장
- 东京　　　　　　Dōngjīng　　　　　(地) 도쿄
- 纽约　　　　　　Niǔyuē　　　　　　(地) 뉴욕

- 어디에서 왔나요?
- 저는 한국 서울에서 왔어요.
- 언제 왔나요?
- 지난주에 왔어요.
- 업무 때문에 왔나요?
- 네, 저는 일하러 왔어요.

 어법 포인트

1 是…的 강조 구문

1) '是…的 shì … de'의 강조구문은 이미 실현된 행위나 발생한 동작의 시간, 장소, 방식 등을 강조하여 말하고자 할 때 사용한다.

시간	你是什么时候来的? Nǐ shì shénme shíhou lái de? 당신은 언제 왔습니까? 我是七月二十八号来的。 Wǒ shì qī yuè èrshíbā hào lái de. 저는 7월 28일에 왔습니다.
장소	他是从哪儿来的? Tā shì cóng nǎr lái de? 그는 어디에서 왔습니까? 他是从韩国来的。 Tā shì cóng Hánguó lái de. 그는 한국에서 왔습니다.
방식	你是怎么来的? Nǐ shì zěnme lái de? 당신은 어떻게 왔습니까? 我是骑自行车来的。 Wǒ shì qí zìxíngchē lái de. 저는 자전거를 타고 왔습니다.
행위자	你是和谁一起来的? Nǐ shì hé shéi yìqǐ lái de? 당신은 누구와 함께 왔습니까? 我是和朋友一起来的。 Wǒ shì hé péngyou yìqǐ lái de. 저는 친구와 함께 왔습니다.
목적	你是来做什么的? Nǐ shì lái zuò shénme de? 당신은 무엇을 하러 왔습니까? 我是来学习的。 Wǒ shì lái xuéxí de. 저는 공부하러 왔습니다.

82

2) 강조하여 부정하고자 할 때는 '**不是**…**的**' 형식을 사용한다.

- 我不是和朋友一起来的。
  Wǒ bú shì hé péngyou yìqǐ lái de. 저는 친구와 함께 오지 않았습니다.

- 我不是昨天来的, 是今天来的。
  Wǒ bú shì zuótiān lái de, shì jīntiān lái de. 저는 어제 온 것이 아니라, 오늘 왔습니다.

3) 긍정문의 경우에는 '**是**'를 생략할 수 있지만, 부정문의 '**是**'는 생략할 수 없다.

- 我(是)坐飞机去的。
  Wǒ (shì) zuò fēijī qù de. 저는 비행기를 타고 갔습니다.

- 我不是坐飞机去的。
  Wǒ bú shì zuò fēijī qù de. 저는 비행기를 타고 가지 않았습니다.

4) 의문문은 문장 끝에 '**吗**'를 붙이거나, '**是**'의 정반의문문을 사용하며 만들 수 있다. 강조하고자 하는 부분에 의문사를 사용해서 의문문을 만들 수도 있다.

- 你是开车来的吗?
  Nǐ shì kāi chē lái de ma? 당신은 운전해서 왔습니까?

- 你是不是开车来的?
  Nǐ shì bu shì kāi chē lái de? 당신은 운전해서 왔습니까 운전하지 않고 왔습니까?

- 你是怎么来的?
  Nǐ shì zěnme lái de? 당신은 어떻게 왔습니까?

 **看图学习** 그림학습

1 그림을 보며 큰소리로 따라하세요.

她是坐火车去的。
Tā shì zuò huǒchē qù de.

她是和妈妈一起看的。
Tā shì hé māma yìqǐ kàn de.

他不是昨天来的。
Tā bú shì zuótiān lái de.

她不是在超市买的。
Tā bú shì zài chāoshì mǎi de.

▶ 그림을 보고 다음 질문에 답하세요.

1. 妹妹是坐什么去的？
2. 妹妹一个人看的吗？
3. 哥哥什么时候来的？
4. 姐姐是在哪儿买的？
5. 哥哥是不是前天来的？

2 그림을 보며 큰소리로 따라하세요.

素英是上星期从首尔来的，她是来出差的。
Sùyīng shì shàng xīngqī cóng Shǒu'ěr lái de, tā shì lái chūchāi de.

王虹是从上海来的，她是来工作的。
Wáng Hóng shì cóng Shànghǎi lái de, tā shì lái gōngzuò de.

春美是一个人从东京来的，她是来学习的。
Chūnměi shì yí ge rén cóng Dōngjīng lái de, tā shì lái xuéxí de.

大卫是坐飞机从纽约来的，他是来教英语的。
Dàwèi shì zuò fēijī cóng Niǔyuē lái de, tā shì lái jiāo Yīngyǔ de.

▶ 그림을 보고 다음 질문에 답하세요.

1. 大卫是怎么来的？

2. 春美和谁一起来的？

3. 王虹是从哪儿来的？

4. 素英是来干什么的？

5. 素英是什么时候来的？

听力 듣기훈련

第一部分 녹음을 듣고 알맞은 것을 고르세요. 🎧47

1. **A** 手机　　　　　**B** 上海　　　　　**C** 首尔
2. **A** 出差　　　　　**B** 开车　　　　　**C** 超市
3. **A** 地铁　　　　　**B** 火车　　　　　**C** 飞机
4. **A** 英语　　　　　**B** 医院　　　　　**C** 音乐
5. **A** 六月　　　　　**B** 牛奶　　　　　**C** 纽约

第二部分 녹음을 듣고 질문에 알맞은 답을 고르세요. 🎧48

1. **A** 从北京来的　　　　**B** 从上海来的
2. **A** 去出差的　　　　　**B** 去旅游的
3. **A** 去学习了　　　　　**B** 去旅游了
4. **A** 这些东西　　　　　**B** 那些东西
5. **A** 韩国人　　　　　　**B** 中国人
6. **A** 六点　　　　　　　**B** 八点
7. **A** 来学习的　　　　　**B** 来教书的
8. **A** 上星期　　　　　　**B** 这星期
9. **A** 开车过来的　　　　**B** 坐车过来的
10. **A** 姐姐买的　　　　　**B** 爸爸妈妈买的

1 다음 대화를 알맞게 연결하세요.

① 你是怎么来的？　　　●　　　　●　我是坐船来的。

② 你是从哪儿来的？　　●　　　　●　我是上个月来的。

③ 你是来干什么的？　　●　　　　●　我是从北京来的。

④ 你是什么时候来的？　●　　　　●　我是来买衣服的。

⑤ 你是和谁一起来的？　●　　　　●　我是和妈妈一起来的。

2 보기와 같이 문장을 바꾸어 보세요.

> 보기　他(是)从韩国首尔来的。　→　他不是从韩国首尔来的。

① 他是来教英语的。　→ _____

② 他和奶奶一起去的。　→ _____

③ 他是七点半到首尔的。　→ _____

④ 他是坐飞机去上海的。　→ _____

3 다음을 읽고 질문에 답하세요.

> 西西是前年六月从上海坐飞机来韩国的。她是我们学校的汉语老师，她是来教汉语的。

① 西西在哪儿工作？　_____

② 她是从哪儿来的？　_____

③ 她是来旅游的吗？　_____

④ 她现在是公司职员吗？　_____

⑤ 她是什么时候来韩国的？　_____

중국 출장

※ **护照 hùzhào** 여권

해외 출장에서 가장 중요한 것은 본인의 신분을 증명하는 '여권(**护照 hùzhào**)'을 잘 관리하는 일입니다. 여권에는 영문 및 한문 이름과 생년월일, 성별, 국적, 입국일, 비자 등 개인에 대한 중요한 정보들이 기재되어 있기 때문에 여권을 잘 보관하는 일은 무엇보다 중요합니다.

안전한 호텔에서 숙박한다면 호텔 금고에 보관하는 것도 좋은 방법이고, 신용이 떨어지는 호텔이라면 사본과 함께 직접 휴대하는 것이 나을 수도 있습니다. 혹시 여권을 분실 한 경우에는 신분증을 가지고 관할 지역 해당 파출소에 먼저 신고한 후, 주중 한국총영사관과 공안국 출입국 관리국에 접수합니다.

※ **换钱 huàn qián** 환전

숙박과 숙식이 제공된다면, 많은 금액의 환전은 필요 없습니다. 혹시 대중교통을 이용할 일이 있다면 1위안(元)짜리 잔돈을 미리 준비하여 편리하게 이동할 수 있도록 하는 것이 좋습니다. 그 외에도 중국은행 ATM에서 이용이 가능한 글로벌 체크카드나 국제 가맹 신용카드(**信用卡 xìnyòngkǎ**)를 사용하면 편리합니다.

※ **吃喝 chīhē** 먹기 마시기

중국인들은 대부분 요리에 '고수'라 불리는 '**香菜 xiāngcài**'를 넣습니다. '**香菜**'는 소화를 돕고 위장을 보호하는 식물로 중국인들의 사랑을 받고 있지만, 한국에서는 잘 사용하지 않기 때문에 입에 맞지 않는 경우가 많습니다. 입에 맞지 않아 음식에 넣기를 꺼리는 경우, 주문하면서 "**不要香菜。Bú yào xiāngcài.**"라고 말하면 요리에서 빼줍니다.

중국의 수돗물은 불순물이 들어있어 곧바로 마시면 배탈이 나는 경우가 많으므로 생수(**矿泉水 kuàngquánshuǐ**)를 사서 마시는 것이 좋습니다. 차를 마시거나 컵라면(**方便面 fāngbiànmiàn**)을 먹을 때도 생수를 이용하는 것이 좋습니다.

09

离这儿远吗?

Lí zhèr yuǎn ma?

여기에서 멉니까?

课文 본문

你家离这儿远吗？
Nǐ jiā lí zhèr yuǎn ma?

不太远。
Bú tài yuǎn.

你坐地铁回去吗？
Nǐ zuò dìtiě huíqu ma?

不，我坐公共汽车回去。
Bù, wǒ zuò gōnggòng qìchē huíqu.

早点儿回家吧。
Zǎo diǎnr huí jiā ba.

好的。明天见！
Hǎo de. Míngtiān jiàn!

生词

离	lí	…에서, …(으)로부터
远	yuǎn	멀다
见	jiàn	보다, 만나다
首都	shǒudū	수도
北京大学	Běijīng Dàxué	베이징 대학교
近	jìn	가깝다
晚	wǎn	늦다
快	kuài	빠르다
慢	màn	느리다
的	de	확인·긍정의 어기조사

- 너희 집은 여기서 머니?
- 그다지 멀지 않아.
- 지하철 타고 돌아가니?
- 아니, 버스 타고 돌아가.
- 일찍 집에 들어가.
- 그래. 내일 보자!

语法 어법 포인트

1 전치사 离

1) '离 lí'는 공간적·시간적 거리의 기준점이 되는 장소나 시간 명사 앞에 쓰여, 그 기준점에서부터 목적지까지의 거리를 나타내는 데 쓰인다.

- 你家离学校远不远？
  Nǐ jiā lí xuéxiào yuǎn bu yuǎn? 당신 집은 학교에서 멉니까 안 멉니까?

- 这儿离天安门很近。
  Zhèr lí Tiān'ānmén hěn jìn. 여기는 티엔안먼에서 가깝습니다.

2) '从'과 '离'는 모두 '…에서', '…부터'라는 뜻이지만, '从'은 출발지점을 표시하는 전치사로 '离'와는 쓰임새가 다르다.

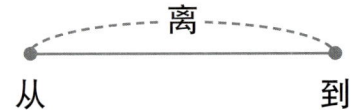

- 从这儿到天安门不远。
  Cóng zhèr dào Tiān'ānmén bù yuǎn. 여기에서 티엔안먼까지는 멀지 않습니다.

- 从十点到十二点学习。
  Cóng shí diǎn dào shí'èr diǎn xuéxí. 10시부터 12시까지 공부합니다.

3) 목적지까지의 거리를 물을 때 '离'와 '从'을 모두 사용할 수 있으나 그 쓰임에 주의해야 한다.

- 离你家到学校远吗？(×)
  你家离学校远吗？(○)
  Nǐ jiā lí xuéxiào yuǎn ma? 집에서 학교까지는 멉니까?

- 从你家离学校远吗？(×)
  从你家到学校远吗？(○)
  Cóng nǐ jiā dào xuéxiào yuǎn ma? 집에서 학교까지는 멉니까?

2. 단음절 형용사의 부사적 용법

단음절 형용사가 부사어로 쓰일 때는 주로 단음절 동사를 꾸며준다. '(一)点儿'과 함께 쓰여 정도의 약함을 나타낼 수 있다.

- 慢走。 Màn zǒu. 살펴 가세요.
- 快点儿来！ Kuài diǎnr lái! 좀 빨리 와요!

3. 확인·긍정의 的

문장 끝에 쓰인 '的'는 일반적으로 확인이나 긍정의 어기를 나타낸다.

- 真的。 Zhēn de. 정말입니다.
- 好的。 Hǎo de. 그렇게 하겠습니다.

'慢 màn'은 속도나 동작이 느리다는 의미이고, '晚 wǎn'은 시간이나 때가 늦었다는 의미입니다. 중국어가 서투른 사람의 경우 의미의 차이를 구분하지 못하고 혼동하는 경우가 자주 있으니 주의해야 합니다.

对不起，我来慢了。 (X)

对不起，我来晚了。 (O)
Duìbuqǐ, wǒ lái wǎn le. 미안합니다, 제가 늦었습니다.

1 그림을 보며 큰소리로 따라하세요.

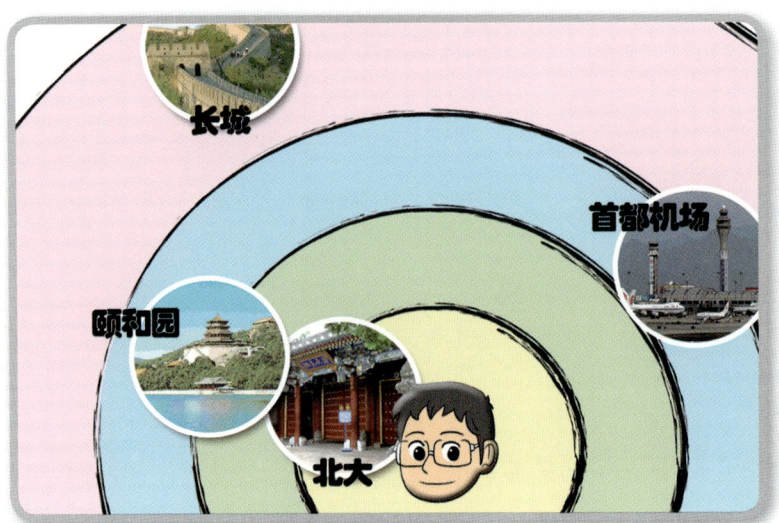

长城离这儿非常远。
Chángchéng lí zhèr fēicháng yuǎn.

首都机场离这儿有点儿远。
Shǒudū Jīchǎng lí zhèr yǒudiǎnr yuǎn.

颐和园离这儿不太远。
Yíhéyuán lí zhèr bú tài yuǎn.

北京大学离这儿很近。
Běijīng Dàxué lí zhèr hěn jìn.

▶ 그림을 보고 다음 질문에 답하세요.

1. 北大离这儿远吗?
2. 这儿离哪儿非常远?
3. 这儿离颐和园远吗?
4. 首都机场离这儿远不远?
5. 从北大到颐和园远不远?

2 그림을 보며 큰소리로 따라하세요.

早点儿起床。
Zǎo diǎnr qǐ chuáng.

晚点儿下班。
Wǎn diǎnr xià bān.

快点儿回家吧。
Kuài diǎnr huí jiā ba.

慢点儿说话吧。
Màn diǎnr shuō huà ba.

▶ 자신의 상황에 맞게 질문에 답하세요.

1. 慢点儿开车好不好？
2. 你今天早点儿起床了吗？
3. 你昨天晚点儿睡觉了吗？
4. 你今天要早点儿回家吗？
5. 你想不想快点儿去中国？

听力 듣기훈련

第一部分 녹음을 듣고 알맞은 것을 고르세요.

1. **A** 附近　　**B** 起床　　**C** 睡觉
2. **A** 在家　　**B** 家里　　**C** 回家
3. **A** 做菜　　**B** 说话　　**C** 学习
4. **A** 晚点儿　**B** 慢点儿　**C** 贵点儿
5. **A** 大点儿　**B** 热点儿　**C** 慢点儿

第二部分 녹음을 듣고 질문에 알맞은 답을 고르세요.

1. **A** 我家　　　　　**B** 朋友家
2. **A** 离北京大学远　**B** 离长城远
3. **A** 在我家附近　　**B** 不在我家附近
4. **A** 睡觉　　　　　**B** 起床
5. **A** 太远　　　　　**B** 太热
6. **A** 非常饿　　　　**B** 要去医院
7. **A** 离书店很近　　**B** 离网吧很近
8. **A** 今天晚点儿下班　**B** 今天早点儿回家
9. **A** 在家上网　　　**B** 在网吧上网
10. **A** 非常远　　　　**B** 有点儿远

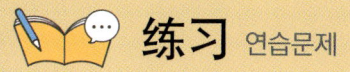

练习 연습문제

1 전치사 '到, 从, 离'를 사용하여 문장을 완성하세요.

① 你是 _____ 哪儿来的?

② 你家 _____ 学校远吗?

③ 晚上你要 _____ 哪儿去?

④ 你们公司 _____ 这儿远吗?

⑤ _____ 韩国 _____ 美国怎么去?

2 보기 중 알맞은 것을 골라 문장을 완성하세요.

| 보기 | 早点儿 | 晚点儿 | 快点儿 | 慢点儿 |

① 奶奶, 您 _____ 走。　　　　　할머니, 천천히 가세요.

② 我们今天 _____ 出去吧。　　　우리 오늘 좀 일찍 나갑시다.

③ 明天是周末, 我要 _____ 起床。　내일은 주말이니 늦게 일어나려합니다.

④ 十二点了, _____ 睡觉吧。　　　12시가 되었으니, 어서 잠을 잡시다.

3 알맞은 어순으로 배열하여 문장을 완성하세요.

① 우리 빨리 일하고, 일찍 퇴근합시다.

| 吧 | 早点儿 | 工作 | 我们 | 快点儿 | 下班 |

_____

② 우리 집은 병원에서 가깝지 않고, 아주 멉니다.

| 离 | 非常 | 远 | 我家 | 医院 | 不近 |

_____

버스타기

한국에서는 버스 번호를 읽을 때 숫자 뒤에 '번'을 붙여 몇 번 버스라고 말합니다. 하지만 중국에서는 번호라는 의미의 '号 hào'는 사용하지 않고, '路 lù'를 사용하여 읽습니다. 예를 들면, 10번 버스는 '十路 shí lù', 365번 버스는 '三六五路 sān liù wǔ lù'라고 읽습니다.

중국의 버스는 종류가 다양합니다. 한국과 비슷한 일반 시내버스는 물론 2층 버스 '双层巴士 shuāngcéng bāshì', 버스 2대가 연결되어 있는 듯한 '铰接巴士 jiǎojiē bāshì', 전기로 운행되는 전기 버스 '电车 diànchē'가 있습니다.

그리고 중국 내에서 장거리를 운행하는 장거리 버스 '长途巴士 chángtú bāshì'가 있는데, 장거리 버스 중에서도 밤시간에 여행하는 사람들을 위해 수면을 취할 수 있도록 2층 침대가 준비되어 있는 침대 버스 '卧铺巴士 wòpù bāshì'가 있습니다.

설(春节 Chūnjié)이나 국경일(国庆节 Guóqìng Jié)과 같은 긴 휴일에는, 사람들이 장거리 버스를 이용하여 동시에 중국 전 지역으로 이동합니다. 버스 좌석을 구하기 어려운 경우가 많기 때문에, 이 시기에 여행을 계획한다면 버스표를 미리 구매해 두는 것이 좋습니다.

双层巴士 shuāngcéng bāshì
2층 버스

铰接巴士 jiǎojiē bāshì
굴절 버스

电车 diànchē
전기 버스

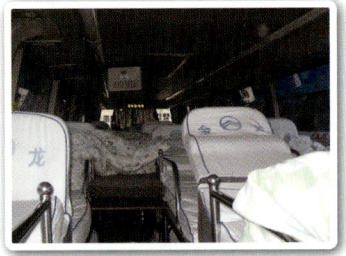

长途巴士 chángtú bāshì
장거리 버스

10

会不会说汉语?

Huì bu huì shuō Hànyǔ?

중국어 할 줄 압니까?

 课文 본문

你会不会说汉语？
Nǐ huì bu huì shuō Hànyǔ?

我会说一点儿。
Wǒ huì shuō yìdiǎnr.

学了多长时间？
Xuéle duō cháng shíjiān?

学了五个月。
Xuéle wǔ ge yuè.

你能看中国电影吗？
Nǐ néng kàn Zhōngguó diànyǐng ma?

我还不能。
Wǒ hái bù néng.

生词  새로운 단어

☐ 会	huì	…할 수 있다, …할 줄 알다
☐ 多长时间	duō cháng shíjiān	얼마 (시간)
☐ 能	néng	…할 수 있다
☐ 还	hái	아직, 아직도
☐ 天	tiān	하루, 일
☐ 小时	xiǎoshí	시간
☐ 分钟	fēnzhōng	분
☐ 游泳	yóu yǒng	수영하다
☐ 酒	jiǔ	술
☐ 瓶	píng	병
☐ 写	xiě	쓰다
☐ 字	zì	글씨

- ■ 중국어 할 줄 아세요?
- ☐ 저는 조금 말 할 줄 압니다.
- ■ 얼마나 배우셨어요?
- ☐ 5개월 배웠어요.
- ■ 중국 영화 볼 수 있어요?
- ☐ 아직 볼 수 없어요.

语法 어법 포인트

1 会와 能

1) '会 huì'는 '…할 수 있다', '…할 줄 안다'의 의미로 이미 배웠거나 경험을 통해서 숙달되고 터득하였음을 나타낼 때 쓰인다. '能 néng' 역시 '…할 수 있다'라는 의미지만, 이는 배워서 할 줄 안다는 어감이 아니라 능력이나 자격, 권한, 어떤 조건 등의 여부를 나타낸다.

- 你会喝酒吗?
  Nǐ huì hē jiǔ ma? 당신은 술 마실 줄 압니까?

- 你能喝几瓶?
  Nǐ néng hē jǐ píng? 당신은 몇 병이나 마실 수 있습니까?

2) '**没有** A, **不能** B'의 형식으로 쓰이면 'A라는 조건이 만족되지 못해서 B 할 수 없다'라는 의미가 된다.

- 没有钱不能买车。
  Méiyǒu qián bù néng mǎi chē. 돈이 없어서 차를 살 수 없습니다.

- 没有老师不能学习。
  Méiyǒu lǎoshī bù néng xuéxí. 선생님이 없어서 공부할 수 없습니다.

2 시량보어

1) 시량보어는 동사 뒤에서 동작의 지속시간을 나타내며 '…동안'이라고 해석한다.

- 学了五个月。 Xuéle wǔ ge yuè. 다섯 달 동안 배웠습니다.
- 看了一个半小时。 Kànle yí ge bàn xiǎoshí. 1시간 반 동안 보았습니다.

2) 시량보어가 있을 때는 동사와 목적어 사이에 '了'를 쓸 수 없다. 이러한 경우에는 동사를 다시 한 번 반복하여 '了'를 붙임으로 시제를 표현할 수 있다.

동사 + 목적어 + 동사 + 了 + 시량사

- 学汉语学了五个月。
  Xué Hànyǔ xuéle wǔ ge yuè. 중국어를 다섯 달 동안 배웠습니다.
- 看电影看了一个半小时。
  Kàn diànyǐng kànle yí ge bàn xiǎoshí. 영화를 1시간 반 동안 보았습니다.

3 시간의 양

1) 시량사는 '年 nián', '月 yuè', '星期 xīngqī', '天 tiān', '小时 xiǎoshí', '分钟 fēnzhōng' 등을 사용하여 나타낸다. '年', '天', '分钟'은 그 자체가 양사의 성질을 가지고 있기 때문에 '个'를 붙일 필요가 없지만 '月', '星期', '小时'을 사용하여 시간의 양을 표시할 때는 반드시 앞에 양사 '个'를 붙여야 한다.

一年	yì nián	1년	=	十二个月	Shí'èr ge yuè	12개월
一个星期	yí ge xīngqī	1주	=	七天	qī tiān	7일
一个月	yí ge yuè	1달	=	四个星期	sì ge xīngqī	4주
一天	yì tiān	1일	=	二十四(个)小时	èrshísì (ge) xiǎoshí	24시간
一(个)小时	yí (ge) xiǎoshí	1시간	=	六十分钟	liùshí fēnzhōng	60분

2) 시간의 양을 물을 때는 '多长时间 duō cháng shíjiān'을 사용한다. 이외에도 '几'나 '多少'와 함께 시량사를 활용하여 물을 수 있다.

- 学了多长时间？ Xuéle duō cháng shíjiān? 얼마나 공부했습니까?
- 学了几个月？ Xuéle jǐ ge yuè? 몇 개월 공부했습니까?
- 学了多少天？ Xuéle duōshao tiān? 며칠 공부했습니까?

 **看图学习** 그림학습

1 그림을 보며 큰소리로 따라하세요.

一年有十二个月。
Yì nián yǒu shí'èr ge yuè.

一个星期有七天。
Yí ge xīngqī yǒu qī tiān.

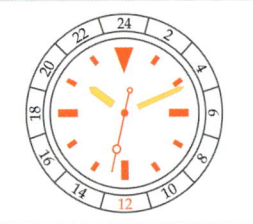

一天有二十四个小时。
Yì tiān yǒu èrshísì ge xiǎoshí.

一个小时有六十分钟。
Yí ge xiǎoshí yǒu liùshí fēnzhōng.

▶ 그림을 보고 다음 질문에 답하세요.

1. 一个月有多少天？
2. 一个星期有几天？
3. 一年有多少个月？
4. 一个月有几个星期？
5. 两个小时是多少分钟？

2 그림을 보며 큰소리로 따라하세요.

王虹会游泳，
Wáng Hóng huì yóu yǒng,

她能游很远。
tā néng yóu hěn yuǎn.

弟弟会喝酒，
Dìdi huì hē jiǔ,

他能喝两瓶。
tā néng hē liǎng píng.

春美现在没有电脑，
Chūnměi xiànzài méiyǒu diànnǎo,

她不能上网。
tā bù néng shàng wǎng.

妹妹现在没有笔，
Mèimei xiànzài méiyǒu bǐ,

她不能写字。
tā bù néng xiě zì.

▶ 그림을 보고 다음 질문에 답하세요.

1. 王虹会游泳吗？
2. 弟弟会不会喝酒？
3. 弟弟能喝几瓶酒？
4. 妹妹为什么不能写字？
5. 春美现在能不能上网？

听力 듣기훈련

第一部分 녹음을 듣고 알맞은 것을 고르세요.

1. **A** 汉语　　　　**B** 英语　　　　**C** 韩语
2. **A** 四件　　　　**B** 时间　　　　**C** 十点
3. **A** 旅游　　　　**B** 游泳　　　　**C** 玩儿
4. **A** 鞋子　　　　**B** 看书　　　　**C** 写字
5. **A** 不能　　　　**B** 不会　　　　**C** 不想

第二部分 녹음을 듣고 질문에 알맞은 답을 고르세요.

1. **A** 会游泳　　　　　　　**B** 不会游泳
2. **A** 会做　　　　　　　　**B** 不会做
3. **A** 不能喝　　　　　　　**B** 不会喝
4. **A** 七月　　　　　　　　**B** 八月
5. **A** 没有钱　　　　　　　**B** 没有书店
6. **A** 奶奶家　　　　　　　**B** 我们家
7. **A** 学了半个月　　　　　**B** 学了半年
8. **A** 不能做菜　　　　　　**B** 不能教弟弟写字
9. **A** 北京　　　　　　　　**B** 上海
10. **A** 十个小时　　　　　　**B** 七个小时

练习 연습문제

1 다음 중 알맞은 표현을 고르세요.

① 4주　　　　A. 星期四　　　B. 四个星期　　C. 四个月

② 1시간 30분　A. 一点三十分　B. 一个半小时　C. 八十分钟

③ 2개월　　　A. 二月　　　　B. 两月　　　　C. 两个月

④ 3일　　　　A. 三个日　　　B. 三天　　　　C. 三个天

⑤ 몇 년　　　A. 几年　　　　B. 几个年　　　C. 几年吗

2 보기 중 알맞은 것을 골라 문장을 완성하세요.

보기	小时　　月　　年　　星期　　分钟

① 我学汉语学了 _____ 。　　　저는 중국어를 3년 배웠습니다.

② 爸爸在中国住了 _____ 。　　아버지는 중국에서 2주 머물렀습니다.

③ 今天下午我睡了 _____ 。　　오늘 오후에 저는 5시간 잤습니다.

④ 从公园到我家要走 _____ 。　공원에서 우리 집까지는 30분을 걸어야 합니다.

⑤ 我在这儿工作已经 _____ 了。제가 여기에서 일 한지도 벌써 8개월이 되었습니다.

3 조동사 '会, 能'을 사용하여 문장을 완성하세요.

① 你 _____ 骑自行车吗?　　　　당신은 자전거를 탈 줄 압니까?

② 明天你 _____ 上班吗?　　　　내일 출근할 수 있습니까?

③ 你弟弟 _____ 游泳吗?　　　　당신의 남동생은 수영을 할 줄 압니까?

④ 你 _____ 坐公共汽车去吗?　　당신은 버스 타고 갈 줄 압니까?

⑤ 我不 _____ 说汉语，不 _____ 看中国电影。
　　저는 중국어를 못해서, 중국 영화를 볼 수 없습니다.

중국어 열풍

英语是基本，汉语是必需的！
Yīngyǔ shì jīběn, Hànyǔ shì bìxū de!
영어는 기본, 중국어는 필수!

전 세계 각지에서 중국어 열풍이 불고 있습니다. 이는 중국이 멀지 않은 장래에 세계 제1의 경제 대국이 될 것이라는 전망과 맞닿아 있다고 할 수 있습니다.

최근 미국 워싱턴 주지사는 학생들에게 "중국어를 열심히 배워야 할 필요가 있다"고 강조하면서 "중국어 학습을 선택한 미국 학생들이 앞으로 반드시 글로벌 무대에서 경쟁력 있는 인재가 될 것"이라고 말했습니다. 통계에 의하면 현재 미국에는 중국어 강의가 개설된 초·중등학교가 4000곳이나 되며 중국어 수강생도 이미 15만 명을 넘었다고 합니다.

유럽의 중국어 학습 열풍도 대단합니다. 유럽에서 중국어 교육에 가장 적극적인 나라는 스웨덴입니다. 스웨덴 교육부 장관은 "스웨덴은 모든 초등학교와 중등학교에서 중국어를 외국어로 가르치는 유럽 최초의 나라가 될 것"이라면서 "초등학교는 10년 내, 중등학교는 15년 내에 중국어 수업이 이뤄질 것"이라고 말했다고 합니다.

중국과 갈등 관계에 있는 인도도 최근 중국어 교육의 중요성에 눈을 뜨면서 중국어를 고등학교 제2 외국어로 채택하여 가르치고 있습니다. 인도네시아, 베트남, 태국 등 주요 동남아 국가는 이미 관심의 단계를 넘어서 광풍이라고 표현할 수 있을 만큼 중국어 학습에 적극적입니다.

중국과 밀접한 관계에 있는 한국은 말할 것도 없겠죠? 지금 중국어를 열심히 공부하고 있는 여러분이 바로 그 증인입니다.

11

要什么颜色的?

Yào shénme yánsè de?

어떤 색깔을 원합니까?

课文 본문

请问，电脑在几楼？
Qǐngwèn, diànnǎo zài jǐ lóu?

在三楼。
Zài sān lóu.

我想买笔记本电脑。
Wǒ xiǎng mǎi bǐjìběn diànnǎo.

要什么颜色的？白的还是红的？
Yào shénme yánsè de? Bái de háishi hóng de?

我要红的。
Wǒ yào hóng de.

这颜色漂亮。
Zhè yánsè piàoliang.

生词 새로운 단어

请问	qǐngwèn	말씀 좀 묻겠습니다
楼	lóu	층, 건물
笔记本电脑	bǐjìběn diànnǎo	노트북
颜色	yánsè	색
白	bái	희다, 하얗다
还是	háishi	또는, 아니면
红	hóng	붉다, 빨갛다
漂亮	piàoliang	아름답다, 예쁘다
唱	chàng	노래하다, (노래를) 부르다
冰	bīng	아이스, 얼음을 넣은

- 저기요, 컴퓨터는 몇 층에 있나요?
- 3층에 있어요.

- 노트북을 사고 싶은데요.
- 어떤 색상을 원하세요? 하얀색 아니면 빨간색?
- 저는 빨간색으로 할래요.
- 이 색상이 예쁩니다.

11 要什么颜色的？

语法 어법 포인트

1 请问

정중하게 질문할 때 사용하는 표현으로 '저기요', '말씀 좀 묻겠습니다'라는 의미가 된다.

- 请问，北京医院在哪儿？
  Qǐngwèn, Běijīng Yīyuàn zài nǎr? 말씀 좀 묻겠습니다, 베이징 병원은 어디에 있습니까?

- 请问，这附近有银行吗？
  Qǐngwèn, zhè fùjìn yǒu yínháng ma? 말씀 좀 묻겠습니다, 이 근처에 은행이 있습니까?

2 楼와 层

'楼 lóu'와 '层 céng'은 모두 '층'의 의미를 갖는 동의어이다. 양사인 '层'은 뒤에 명사가 올 수 있지만, '楼'는 명사이므로 뒤에 다른 명사를 쓰지 않는다. '楼'는 '건물'이라는 의미도 있다.

- 我家在八楼。
  Wǒ jiā zài bā lóu. 우리 집은 8층에 있습니다.

- 这是八层楼。
  Zhè shì bā cénglóu. 이것은 8층 건물입니다.

- 我在二十七层的五楼。
  Wǒ zài èrshíqī céng de wǔ lóu. 저는 27층 건물의 5층에 있습니다.

- 我在二十七层楼的第五层。
  Wǒ zài èrshíqī céng lóu de dì wǔ céng. 저는 27층 건물의 5층에 있습니다.

层 céng 층

3 선택의문문

'还是 háishi'는 두 개 혹은 그 이상의 조건 중 한 가지만 택하도록 요구하는 의문문에 사용되는 접속사로 'A 还是 B ?'의 형식으로 쓰여 'A? 아니면 B?'의 의미를 나타낸다.

- 你要大的还是小的？
  Nǐ yào dà de háishi xiǎo de? 당신은 큰 것을 원합니까 아니면 작은 것을 원합니까?

- 今天来还是明天来？
  Jīntiān lái háishi míngtiān lái? 오늘 옵니까 아니면 내일 옵니까?

Plus ++

红色 hóng sè	黄色 huáng sè	蓝色 lán sè	橙色 chéng sè
绿色 lǜ sè	黑色 hēi sè	白色 bái sè	紫色 zǐ sè

看图学习 그림학습

1 그림을 보며 큰소리로 따라하세요.

在二楼买手机。
Zài èr lóu mǎi shǒujī.

在三楼看U盘。
Zài sān lóu kàn U pán.

电视在四楼。
Diànshì zài sì lóu.

我们在五楼唱歌儿。
Wǒmen zài wǔ lóu chàng gēr.

▶ 그림을 보고 다음 질문에 답하세요.

1. 手机在几楼？
2. 四楼有没有电视？
3. 袜子在不在二楼？
4. 他们在五楼干什么？
5. 电脑在二楼还是三楼？

2 그림을 보며 큰소리로 따라하세요.

这是你的还是他的？
Zhè shì nǐ de háishi tā de?

你喝冰咖啡还是热咖啡？
Nǐ hē bīng kāfēi háishi rè kāfēi?

你今天去还是明天去？
Nǐ jīntiān qù háishi míngtiān qù?

您住二楼还是三楼？
Nín zhù èr lóu háishi sān lóu?

▶ 자신의 상황에 맞게 질문에 답하세요.

1. 你的手机是白的还是黑的？
2. 你爱喝冰咖啡还是热咖啡？
3. 这星期天你在家还是出去？
4. 你住几楼？一楼还是二楼？
5. 你早上吃米饭还是吃面包？

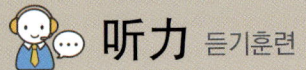

第一部分 녹음을 듣고 알맞은 것을 고르세요.

1. **A** 红色   **B** 黄色   **C** 颜色

2. **A** 好看   **B** 漂亮   **C** 衣服

3. **A** 几楼   **B** 请问   **C** 海水

4. **A** 蓝色   **B** 黑色   **C** 绿色

5. **A** 旅游   **B** 上网   **C** 唱歌儿

第二部分 녹음을 듣고 질문에 알맞은 답을 고르세요.

1. **A** 黑色的   **B** 白色的

2. **A** 二楼   **B** 五楼

3. **A** 星期六   **B** 星期天

4. **A** 红色帽子   **B** 蓝色帽子

5. **A** 二楼   **B** 四楼

6. **A** 很漂亮   **B** 不漂亮

7. **A** 黑色的   **B** 白色的

8. **A** 买了蓝的   **B** 没买蓝的

9. **A** 是我的   **B** 是妹妹的

10. **A** 冰的   **B** 热的

练习 연습문제

1 다음 단어와 어울리는 표현을 고르세요.

① 海水　　　　　A. 红色　　　B. 黄色　　　C. 蓝色

② 香蕉、梨　　　A. 红色　　　B. 蓝色　　　C. 黄色

③ 草莓、苹果　　A. 白色　　　B. 黑色　　　C. 红色

④ 米饭、牛奶　　A. 白色　　　B. 蓝色　　　C. 红色

⑤ 可乐、咖啡　　A. 黑色　　　B. 白色　　　C. 紫色

2 보기와 같이 주어진 단어를 사용하여 문장을 만들어 보세요.

> 보기　　要 / 小猫 / 小狗　　→　　你要小猫还是小狗?

① 是 / 老师 / 医生　　→ _____

② 喝 / 可乐 / 咖啡　　→ _____

③ 穿 / 皮鞋 / 运动鞋　→ _____

④ 看 / 汉语书 / 英语书 → _____

3 다음을 읽고 질문에 답하세요.

> 小李: 我喝可乐, 你呢?
> 小王: 我不想喝可乐。
> 小李: 你想喝什么?
> 小王: 我要咖啡。
> 小李: 你喝热咖啡还是冰咖啡?
> 小王: 我喝冰咖啡。

① 小王点了什么? _____

② 小李要喝什么? _____

③ 他们现在在哪儿? _____

중국인의 빨간색 사랑

빨간색은 중국어로 '**红色** hóng sè'라고 합니다. 중화인민공화국의 국기인 오성홍기(**五星红旗** Wǔxīng hóngqí)에도 빨간색이 사용되었는데요, 중국 국기에서의 빨간색은 공산주의와 혁명을 상징한다고 합니다.

중국인은 빨간색을 유난히 좋아하는데, 예부터 빨간색이 나쁜 기운을 물리치고 행운을 가져다 준다고 생각하기 때문입니다. 그래서 명절이나 결혼 등 경사스러운 날에 빨간색을 많이 사용합니다. 예를 들어 결혼식 장식은 빨간색으로만 하고, 축의금(**红包** hóngbāo)도 붉은색 봉투에 받습니다. 또한 새해에도 붉은 향을 피우고, 황금색 글씨를 새긴 빨간색 대련(**春联** chūnlián)을 붙이고, 빨간 봉투에 돈을 넣어 아이들에게 새뱃돈(**压岁钱** yāsuì qián)을 줍니다. 창업을 하면 빨간색 등(**红灯** hóngdēng)을 달기도 하는 등 빨간색은 중국인의 생활 곳곳에서 접할 수 있는 중국을 대표하는 색이라 할 수 있겠습니다.

12

去过台湾吗?

Qùguo Táiwān ma?

타이완에 간 적이 있습니까?

课文 본문

 你去没去过台湾?
Nǐ qù méi qùguo Táiwān?

 去过。我常去。
Qùguo. Wǒ cháng qù.

 为什么?
Wèishénme?

 因为出差。
Yīnwèi chūchāi.

 香港和澳门呢?
Xiānggǎng hé Àomén ne?

 香港去过一次,澳门还没去过。
Xiānggǎng qùguo yí cì, Àomén hái méi qùguo.

生词

过	guo	…한 적이 있다
台湾	Táiwān	(地) 타이완
常	cháng	자주, 종종
因为	yīnwèi	…때문에
香港	Xiānggǎng	(地) 홍콩
澳门	Àomén	(地) 마카오
次	cì	번, 회
酒店	jiǔdiàn	호텔
电影院	diànyǐngyuàn	영화관
每	měi	매, …마다

- 타이완에 간 적이 있나요 없나요?
- 갔었죠. 저는 자주 가요.
- 왜요?
- 출장 때문에요.
- 홍콩과 마카오는요?
- 홍콩은 한 번 간 적이 있고, 마카오는 아직 못 가봤어요.

语法 어법 포인트

1 경험을 나타내는 过

1) '过 guo'는 동사 뒤에 쓰여서 '…한 적이 있다'는 과거의 경험을 나타내며, 이때 '过'는 경성으로 읽는다.

- 我看过这本书。
  Wǒ kànguo zhè běn shū.   저는 이 책을 본 적이 있습니다.

- 我们吃过她做的菜。
  Wǒmen chīguo tā zuò de cài.   우리는 그녀가 한 요리를 먹어 본 적 있습니다.

2) 부정문은 '没(有)'를 사용하며 '过'는 그대로 유지한다. 부사 '还'가 함께 쓰이면 '아직 …한 적이 없다'라는 의미가 된다.

- 我没去过英国。
  Wǒ méi qùguo Yīngguó.   저는 영국에 간 적이 없습니다.

- 爸爸还没见过我男朋友。
  Bàba hái méi jiànguo wǒ nánpéngyou.   아버지는 제 남자 친구를 아직 본 적이 없습니다.

> **英国** Yīngguó (地) 영국
> **男朋友** nánpéngyou 남자 친구

2 동량보어

동량보어는 동작이나 행위가 진행된 횟수를 나타내며, 목적어가 있는 경우에는 동사와 목적어 사이에 위치한다.

- 你一天要吃三次药。
  Nǐ yì tiān yào chī sān cì yào.   당신은 하루에 세 번 약을 먹어야 합니다.

- 我吃过一次四川菜。
  Wǒ chīguo yí cì Sìchuān cài.   저는 쓰촨 요리를 한 번 먹은 적이 있습니다.

3 常

'항상', '종종', '언제나'의 의미인 부사 '常 cháng'은 단독으로도 쓰이지만 '常常 chángcháng', '经常 jīngcháng'의 형식으로 주로 쓰인다. 부정형식은 주로 '不常 bù cháng'이나 '不经常 bù jīngcháng'을 쓴다.

- 他常(常)看电影。
  Tā cháng(cháng) kàn diànyǐng.   그는 자주 영화를 봅니다.

- 我们经常在外面吃饭。
  Wǒmen jīngcháng zài wàimian chī fàn.   우리는 주로 밖에서 밥을 먹습니다.

- 他常不看电影。(X)
  他不常看电影。(○)
  Tā bù cháng kàn diànyǐng.   그는 영화를 자주 보지 않습니다.

> **常常** chángcháng 종종, 언제나
> **经常** jīngcháng 늘, 항상

4 每

'每 měi'는 보통 양사와 성격이 비슷한 명사 앞에서 쓰여 '매', '…마다'의 의미를 나타낸다. 주로 부사 '都'와 함께 쓰인다.

- 我每年去一次纽约。
  Wǒ měi nián qù yí cì Niǔyuē.   저는 해마다 한 번씩 뉴욕에 갑니다.

- 妈妈每天五点半起床。
  Māma měi tiān wǔ diǎn bàn qǐ chuáng.   어머니는 매일 5시 반에 일어납니다.

- 每(个)人都喜欢旅游。
  Měi (ge) rén dōu xǐhuan lǚyóu.   사람마다 모두 여행을 좋아합니다.

- 你每(个)月都去出差吗?
  Nǐ měi (ge) yuè dōu qù chūchāi ma?   당신은 매달 출장을 갑니까?

- 他每次不坐地铁，骑车去。
  Tā měi cì bú zuò dìtiě, qí chē qù.   그는 매번 지하철을 타지 않고, 자전거를 타고 갑니다.

 看图学习 그림학습

1 그림을 보며 큰소리로 따라하세요.

住过酒店。
Zhùguo jiǔdiàn.

学过汉语。
Xuéguo Hànyǔ.

去过两次电影院。
Qùguo liǎng cì diànyǐngyuàn.

来过很多次上海。
Láiguo hěn duō cì Shànghǎi.

▶ 그림을 보고 다음 질문에 답하세요.

1. 王虹住过哪儿？
2. 大卫学没学过汉语？
3. 妹妹去过电影院吗？
4. 哥哥来过几次上海？
5. 哥哥不常来上海，是不是？

2 그림을 보며 큰소리로 따라하세요.

每天学汉语。
Měi tiān xué Hànyǔ.

不常看电影。
Bù cháng kàn diànyǐng.

为什么很贵?
Wèishénme hěn guì?

因为东西好。
Yīnwèi dōngxi hǎo.

▶ 그림을 보고 다음 질문에 답하세요.

1. 姐姐在干什么?
2. 这东西贵不贵?
3. 弟弟常看电影吗?
4. 这东西为什么贵?
5. 弟弟每天学汉语吗?

听力 듣기훈련

第一部分 녹음을 듣고 알맞은 것을 고르세요. 🎧71

1. A 两斤　　　　　B 两口　　　　　C 两次
2. A 澳门　　　　　B 香港　　　　　C 台湾
3. A 英语　　　　　B 因为　　　　　C 怎么
4. A 妹妹　　　　　B 每天　　　　　C 每年
5. A 很多次　　　　B 三四次　　　　C 好几次

第二部分 녹음을 듣고 질문에 알맞은 답을 고르세요. 🎧72

1. A 去过一次　　　　　　B 去过两次
2. A 每天吃早饭　　　　　B 不常吃早饭
3. A 去过很多次　　　　　B 还没去过
4. A 一个月一次　　　　　B 一个月两次
5. A 四川菜很辣　　　　　B 四川菜很咸
6. A 常看电影　　　　　　B 常看电视
7. A 很漂亮也不贵　　　　B 很多也很漂亮
8. A 平日　　　　　　　　B 周末
9. A 很想去　　　　　　　B 已经去过
10. A 学过　　　　　　　　B 没学过

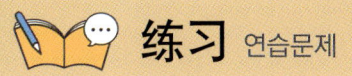
练习 연습문제

1 보기와 같이 주어진 단어를 사용하여 문장을 만들어 보세요.

> 보기   去台湾 / 三次 → 我去过三次台湾。

① 做菜 / 一次   → _____

② 看电影 / 两次   → _____

③ 去中国 / 几次   → _____

④ 打电话 / 很多次 → _____

2 '了'와 '过' 를 사용하여 문장을 완성하세요.

① 妈妈今天做 _____ 韩国菜。　　　어머니는 오늘 한국 요리를 했습니다.

② 他在这学校教 _____ 英语。　　　그는 이 학교에서 영어를 가르친 적이 있습니다.

③ 我一次也没听 _____ 中国歌儿。　저는 한 번도 중국 노래를 들어 본 적이 없습니다.

④ 昨天我们一起看 _____ 美国电影。어제 우리는 함께 미국 영화를 보았습니다.

⑤ 我吃 _____ 面包，喝 _____ 牛奶。 저는 빵을 먹고, 우유를 마셨습니다.

3 다음을 읽고 질문에 알맞은 답을 고르세요.

> 小王是四川人，他一个人在北京工作。他不常回家，也不能常回家，因为他每天要上班。

① 小王在北京做什么？

　A. 看电影　　　　　B. 学汉语　　　　　C. 上班工作

② 小王为什么不常回家？

　A. 因为他一个人　　B. 因为他每天工作　C. 因为他不想回去

타이완, 홍콩, 마카오

중국은 '하나의 중국'을 기본 원칙으로 하고 있습니다. 그러나 타이완(**台湾** Táiwān)은 중화민국(**中华民国**)이라는 국호를 사용하며 독자 노선을 걷고 있으며, 영국과 포르투칼로부터 반환받은 홍콩(**香港** Xiānggǎng)과 마카오(**澳门** Àomén)도 여전히 그 독자성을 유지하고 있습니다. 중국 정부는 타이완, 홍콩, 마카오를 특별행정구로 지정하고 자치권을 인정해 주었습니다.

※ 台湾 Táiwān 타이완

타이완의 수도는 타이베이(**台北** Táiběi)입니다. 중국어를 공용어로 사용하지만, 화폐 단위는 타이완 달러를 씁니다. 타이완 출신이 전체 인구의 80% 이상을 차지하며, 1949년 국민당 정부와 함께 이주해 온 사람들은 '대륙인(**大陆人** dàlùrén)'이라 불립니다.

※ 香港 Xiānggǎng 홍콩

홍콩은 금융 서비스업을 주요 산업으로 하는 세계에서 다섯 번째 가는 금융 중심지입니다. 영국 식민시절의 영향으로 서양문화가 잔존하고 있을 뿐 아니라 일본문화까지 묘하게 뒤엉켜 독특한 풍취를 자아내는 곳으로, 정식 명칭은 '중화인민공화국 홍콩특별행정구'입니다. 공식언어는 중국어와 영어이나 대부분의 사람들이 광동어(**广东语** Guǎngdōngyǔ)를 사용합니다.

※ 澳门 Àomén 마카오

마카오라는 지명은 항해의 수호신을 모시는 '마각묘(**妈阁庙** Māgé Miào)'라는 사당의 이름에서 비롯되었다고 합니다. 현재 마카오의 정식 명칭은 '중화인민공화국 마카오특별행정구'입니다. 동양의 라스베이거스라고 불리는 마카오에서는 포루투칼어와 중국어가 공식 언어이고 영어도 통용되지만, 광동어가 가장 많이 사용됩니다. 공식 화폐는 MOP로 표기되는 파타카(Pataca)가 있으나, 홍콩 달러와 중국 위안화가 다 통용됩니다.

13

花了多少钱？
Huāle duōshao qián?
얼마 썼습니까?

课文 본문 🎧73

你都买了什么?
Nǐ dōu mǎile shénme?

化妆品和几件衣服。
Huàzhuāngpǐn hé jǐ jiàn yīfu.

一共花了多少钱?
Yígòng huāle duōshao qián?

一千块钱。
Yì qiān kuài qián.

我给了你一千,你都花了吗?
Wǒ gěile nǐ yìqiān, nǐ dōu huāle ma?

百货商场今天真便宜。
Bǎihuò shāngchǎng jīntiān zhēn piányi.

生词 새로운 단어

化妆品	huàzhuāngpǐn	화장품
件	jiàn	벌 (옷을 세는 단위)
花	huā	소비하다, 쓰다
千	qiān	1000, 천
给	gěi	…에게 주다
百货商场	bǎihuò shāngchǎng	백화점
真	zhēn	정말
便宜	piányi	싸다
张	zhāng	장 (종이를 세는 단위)
地图	dìtú	지도
双	shuāng	쌍, 켤레 (신발·양말을 세는 단위)
矿泉水	kuàngquánshuǐ	광천수, 생수
盒	hé	통, 갑 (상자를 세는 단위)
百	bǎi	100, 백
元	yuán	위안 (화폐 단위)
酒吧	jiǔbā	술집, 바(bar)

- 무엇을 샀니?
- 화장품과 옷 몇 벌이요.
- 모두 얼마나 썼니?
- 천 위안이요.
- 내가 너에게 천 위안을 줬는데, 다 썼어?
- 백화점이 오늘 정말 싸요.

语法 어법 포인트

1 동사 给

'给 gěi'는 간접목적어와 직접목적어를 갖는 동사이다. '给 + A + B'의 형식으로 쓰여 'A에게 B를 주다'라는 의미를 나타낸다.

- 王虹给了他药。
  Wáng Hóng gěile tā yào.   왕홍은 그에게 약을 주었습니다.

- 他给了我二十块钱。
  Tā gěile wǒ èrshí kuài qián.   그가 저에게 20위안을 주었습니다.

2 수사 읽기

1) '百 bǎi' 이상의 단위를 표현할 때는 반드시 '一 yī'가 붙지만, '十 shí'가 단독으로 쓰일 때는 '一'를 붙이지 않는다. 그러나, '十' 단위가 수사의 중간에서 쓰인 경우는 앞에 '一'를 붙여 읽는다.

십	백	천	만
十 shí	一百 yìbǎi	一千 yìqiān	一万 yíwàn

- 6618   六千六百一十八   liùqiān liùbǎi yīshíbā
- 11111   一万一千一百一十一   yíwàn yìqiān yìbǎi yīshíyī
- 84127   八万四千一百二十七   bāwàn sìqiān yìbǎi èrshíqī

2) 숫자 사이에 '0'이 있을 때에는 반드시 '零 líng'을 써야한다. 여러 개의 '0'이 연속적으로 있을 경우에 '零'은 한 번만 쓴다. '0'으로 끝나는 숫자의 경우에는 '零'이 불필요하며, 숫자 중에 '0'이 포함되어 있지 않고 '0'으로 끝난 경우 마지막 단위는 생략이 가능하다.

2202	两千二百零二 liǎngqiān èrbǎi líng èr
20022	两万零二十二 liǎngwàn líng èrshí'èr
22000	两万二 liǎngwàn èr

3 여러 가지 의미의 花

1) 동사로 쓰여 '(돈을) 쓰다', '(시간을) 소비하다' 등의 의미를 나타낸다.

- 花钱买衣服。 Huā qián mǎi yīfu.   돈을 써서 옷을 삽니다.
- 骑车花很多时间。 Qí chē huā hěn duō shíjiān.   자전거로는 시간 많이 걸립니다.

2) 명사로 쓰여 '꽃'의 의미를 나타낸다.

- 红花最漂亮。 Hóng huā zuì piàoliang.   붉은 꽃이 제일 예쁩니다.
- 春天喜欢看花儿。 Chūntiān xǐhuan kàn huār.   봄에 꽃구경 하는 것을 좋아합니다.

3) 형용사로 쓰여 '알록달록하다', '화려하다'는 의미를 나타낸다.

- 这件衣服太花了。 Zhè jiàn yīfu tài huā le.   이 옷은 너무 화려합니다.
- 我家小猫是花猫。 Wǒ jiā xiǎo māo shì huā māo.   우리 집 고양이는 얼룩고양이입니다.

> 时间 shíjiān 시간
> 花儿 huār 꽃
> 花 huā 알록달록하다, 화려하다

상용양사			
一个人 yí ge rén	사람 한 명	一本书 yì běn shū	책 한 권
一盒牛奶 yì hé niúnǎi	우유 한 팩	一听可乐 yì tīng kělè	콜라 한 캔
一杯水 yì bēi shuǐ	물 한 잔	一瓶啤酒 yì píng píjiǔ	맥주 한 병
一件衣服 yí jiàn yīfu	옷 한 벌	一双袜子 yì shuāng wàzi	양말 한 켤레
一台电视 yì tái diànshì	텔레비전 한 대	一辆车 yí liàng chē	차 한 대

 看图学习 그림학습

1 그림을 보며 큰소리로 따라하세요.

一本书和一张地图。
Yì běn shū hé yì zhāng dìtú.

一件衣服和一双袜子。
Yí jiàn yīfu hé yì shuāng wàzi.

一瓶矿泉水和一盒牛奶。
Yì píng kuàngquánshuǐ hé yì hé niúnǎi.

一听可乐和一杯咖啡。
Yì tīng kělè hé yì bēi kāfēi.

▶ 그림을 보고 다음 질문에 답하세요.

1. 有没有啤酒？
2. 有几瓶矿泉水？
3. 一件衣服和什么？
4. 书旁边儿有什么？
5. 可乐有一瓶还是一听？

2 그림을 보며 큰소리로 따라하세요.

我给了他一百元。
Wǒ gěile tā yìbǎi yuán.

他去酒吧花了九十五元。
Tā qù jiǔbā huāle jiǔshíwǔ yuán.

我给了她五十元。
Wǒ gěile tā wǔshí yuán.

她去超市花了二十二元。
Tā qù chāoshì huāle èrshí'èr yuán.

我给了他一百元。
Wǒ gěile tā yìbǎi yuán.

他买药花了四十元。
Tā mǎi yào huāle sìshí yuán.

我给了她五十元。
Wǒ gěile tā wǔshí yuán.

她看电影花了五十元。
Tā kàn diànyǐng huāle wǔshí yuán.

▶ 그림을 보고 다음 질문에 답하세요.

1. 谁花的钱多？
2. 妈妈去超市花了多少钱？
3. 哥哥去哪儿花了九十五元？
4. 弟弟有多少钱？花了多少钱？
5. 妹妹花了四十元吗？现在有没有钱？

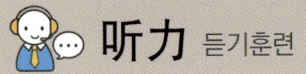 听力 듣기훈련

第一部分　녹음을 듣고 알맞은 것을 고르세요.

1. **A** 很贵　　　**B** 便宜　　　**C** 多少
2. **A** 长城　　　**B** 商场　　　**C** 机场
3. **A** 化妆　　　**B** 说话　　　**C** 花钱
4. **A** 车站　　　**B** 地图　　　**C** 可乐
5. **A** 矿泉水　　**B** 果汁儿　　**C** 四川菜

第二部分　녹음을 듣고 질문에 알맞은 답을 고르세요.

1. **A** 化妆品和衣服　　　**B** 化妆品和吃的东西
2. **A** 橘子　　　　　　　**B** 香蕉
3. **A** 五十块钱　　　　　**B** 五百块钱
4. **A** 一共五十二块钱　　**B** 一共九块钱
5. **A** 一共四元　　　　　**B** 一共五元
6. **A** 坐地铁　　　　　　**B** 坐公共汽车
7. **A** 弟弟的钱　　　　　**B** 哥哥的钱
8. **A** 妹妹　　　　　　　**B** 弟弟
9. **A** 四十块钱　　　　　**B** 六十块钱
10. **A** 咖啡　　　　　　　**B** 果汁儿

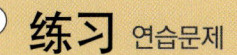

1 다음 중 알맞은 표현을 고르세요.

① 2202
　A. 二千二百二　　　B. 二千二百零二　　　C. 两千二百零二

② 3542
　A. 三五四二　　　B. 三千五百四十二　　　C. 三十五百四十二

③ 68417
　A. 六万八千四百十七　　B. 六十八千四百十七　　C. 六万八千四百一十七

2 알맞은 어순으로 배열하여 문장을 완성하세요.

① 당신은 오늘 모두 얼마나 썼습니까?

　你　花　多少钱　一共　今天　了

＿＿＿＿＿＿＿＿＿＿＿＿＿＿＿＿＿＿＿＿＿＿＿＿＿＿＿

② 당신은 옷을 삽니까 아니면 양말을 삽니까?

　你　袜子　衣服　还是　买　买

＿＿＿＿＿＿＿＿＿＿＿＿＿＿＿＿＿＿＿＿＿＿＿＿＿＿＿

3 다음을 읽고 알맞은 답을 빈칸에 써 넣으세요.

| 矿泉水 | 电影票 | 化妆品 | 衣服 |
| 5元 | 50元 | 100元 | 400元 |

今天上午我和妈妈去百货商场，妈妈买了一件衣服，花了＿＿＿＿＿元。我看化妆品很便宜，一个100元，我买了三个，花了＿＿＿＿＿元。下午，我们去电影院买了两张电影票和两瓶矿泉水，花了＿＿＿＿＿元。今天我和妈妈一共花了＿＿＿＿＿元。

폭탄 세일

'买300送100礼品券(300원 구매시 100원 쿠폰 제공)', '全场6折起(전 매장 할인 40%부터)' 등의 광고로 중국 전역이 붉게 물드는 시기, 바로 폭탄 세일(疯狂打折 fēngkuáng dǎ zhé) 기간입니다. 중국에서는 주로 어떤 때 세일 행사가 진행될까요?

설(春节 Chūnjié), 국경절(国庆节 Guóqìng Jié)에는 일주일의 연휴가 주어지기 때문에 골든 위크(黄金周 huángjīn zhōu)라고도 불리는데, 세일 행사도 주로 이 시기에 진행됩니다. 물건 값을 299원, 98원 정도로 책정해 2개 이상을 구입하도록 유도하면서 할인율도 낮추자는 전략이 대부분이지만, 그래도 50%에 가까운 할인율은 알뜰한 소비자들에게는 매력적인 가격일 수 밖에 없습니다. 이 시기에는 매장에 방문하는 쇼핑객들의 안전을 위해 질서를 담당하는 직원도 곳곳에 배치된다고 합니다.

'할인'은 중국어로 '打折 dǎ zhé'라고 합니다. 한국에서는 '40% 할인'이라고 할인되는 비율을 그대로 표시하지만 중국에서는 반대로 40% 할인인 경우 '打6折'라고 하여 원가가 차지하는 비율로 표현합니다. 50% 할인의 경우에는 '半价 bànjià'라고 표현하기도 합니다.

'특가(特价 tèjià)'를 강조하는 의미로 헐값에 판다는 '甩卖 shuǎimài'를 써서 표현하기도 하고, 창고 정리 세일의 경우에는 '清仓 qīngcāng'이라고 표현하기도 합니다.

14

喜欢哪个季节？
Xǐhuan nǎge jìjié?
어느 계절을 좋아합니까?

课文 본문

你喜欢哪个季节？
Nǐ xǐhuan nǎ ge jìjié?

我最喜欢春天。
Wǒ zuì xǐhuan chūntiān.

为什么？
Wèishénme?

比夏天凉快，比冬天暖和。
Bǐ xiàtiān liángkuai, bǐ dōngtiān nuǎnhuo.

秋天怎么样？
Qiūtiān zěnmeyàng?

秋天也好，可是很想家。
Qiūtiān yě hǎo, kěshì hěn xiǎng jiā.

生词 새로운 단어

季节	jìjié	계절
最	zuì	가장, 제일
春天	chūntiān	봄
比	bǐ	…보다, …에 비하여
夏天	xiàtiān	여름
凉快	liángkuai	서늘하다, 시원하다
冬天	dōngtiān	겨울
暖和	nuǎnhuo	따뜻하다
秋天	qiūtiān	가을
怎么样	zěnmeyàng	어떻다, 어때
可是	kěshì	그러나, 그런데
想	xiǎng	그리워하다, 생각하다
花儿	huār	꽃
爬山	pá shān	등산하다
冷	lěng	춥다, 차다
滑雪	huá xuě	스키를 타다
哈尔滨	Hā'ěrbīn	(地) 하얼빈
米	mǐ	미터, m
高	gāo	높다, 크다
矮	ǎi	낮다, 작다

- 어느 계절이 좋아?
- 나는 봄을 가장 좋아해.
- 왜?
- 여름보다는 시원하고, 겨울보다는 따뜻하잖아.
- 가을은 어때?
- 가을도 좋긴한데, 집이 너무 그리워.

语法 어법 포인트

1 비교문

1) 전치사 '**比 bǐ**'를 사용하여 A와 B의 차이를 비교할 수 있으며, 비교한 결과는 뒤에 놓는다.

   | A | + | 比 | + | B | + | 형용사 |

   - 弟弟比我高。 Dìdi bǐ wǒ gāo. 남동생은 저보다 큽니다.
   - 今天比昨天冷。 Jīntiān bǐ zuótiān lěng. 오늘은 어제보다 춥습니다.

2) 비교한 결과의 차이가 적을 때는 '**一点儿**' 클 때는 '**多了 duō le**'를 사용하여 차이의 정도를 나타낼 수 있다.

   | A | + | 比 | + | B | + | 형용사 | + | 一点儿/多了 |

   - 弟弟比我高一点儿。 Dìdi bǐ wǒ gāo yìdiǎnr. 남동생은 저보다 조금 큽니다.
   - 今天比昨天冷多了。 Jīntiān bǐ zuótiān lěng duō le. 오늘은 어제보다 많이 춥습니다.

3) 부사를 사용하여 비교의 결과를 강조하고자 할 때는 '**更 gèng**'이나 '**还 hái**'를 쓴다. '**更**'과 '**还**'는 모두 '더'의 의미지만, '**更**'은 객관적인 어감을 나타내고 '**还**'는 말하는 이의 놀람이나 과장의 어감을 나타낸다. 또한, 부사 '**很 hěn**'이나 '**非常 fēicháng**' 등은 사용할 수 없다.

   | A | + | 比 | + | B | + | 更/还 | + | 형용사 |

   - 弟弟比我很高。(X)
     弟弟比我更高。(○)
     Dìdi bǐ wǒ gèng gāo. 남동생은 저보다 더 큽니다.
   - 今天比昨天还冷。 Jīntiān bǐ zuótiān hái lěng. 오늘은 어제보다 더 춥습니다.

   > **更** gèng 더욱, 한층 더
   > **还** hái 더, 더욱

4) '**没有**'를 사용해서 비교를 나타낼 수 있다. '**比**'를 사용한 비교문과 비교 대상이 놓이는 순서가 다른 점에 주의해야 한다.

   | B | + | 没有 | + | A | + | 형용사 |

   - 我没有弟弟高。
     Wǒ méiyǒu dìdi gāo. 저는 남동생만큼 크지 않습니다.
   - 昨天没有今天冷。
     Zuótiān méiyǒu jīntiān lěng. 어제는 오늘만큼 춥지 않습니다.

2 동사 想

본래 '생각하다'라는 의미의 동사 '**想**'은 '그리워하다', '몹시 생각하다'의 의미로도 쓰인다.

- 我想你。 Wǒ xiǎng nǐ. 저는 당신이 그립습니다.
- 爸妈，我想你们。 Bà mā, wǒ xiǎng nǐmen. 아버지, 어머니, 그립습니다.

※ 동사 **想**와 조동사 **想**의 비교

동사	그리워하다 생각하다	我想你。 Wǒ xiǎng nǐ. 저는 당신이 그립습니다. 你想什么? Nǐ xiǎng shénme? 무슨 생각을 합니까?
조동사	…하고 싶다	我想见你。 Wǒ xiǎng jiàn nǐ. 저는 당신을 만나고 싶습니다. 你想吃什么? Nǐ xiǎng chī shénme? 무엇을 먹고 싶습니까?

 **看图学习** 그림학습

1 그림을 보며 큰소리로 따라하세요.

春天暖和，常去看花儿。
Chūntiān nuǎnhuo, cháng qù kàn huār.

夏天很热，常去游泳。
Xiàtiān hěn rè, cháng qù yóu yǒng.

秋天凉快，常去爬山。
Qiūtiān liángkuai, cháng qù pá shān.

冬天很冷，常去滑雪。
Dōngtiān hěn lěng, cháng qù huá xuě.

▶ 그림을 보고 다음 질문에 답하세요.

1. 什么时候凉快？
2. 夏天去干什么？
3. 春天天气怎么样？
4. 什么时候去看花儿？
5. 冬天很冷，常去干什么？

2 그림을 보며 큰소리로 따라하세요.

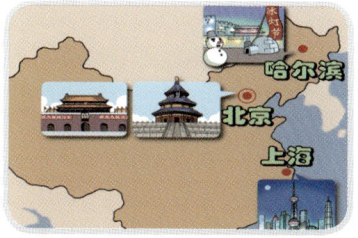

哈尔滨比北京冷。
Hā'ěrbīn bǐ Běijīng lěng.

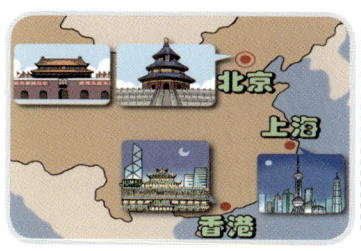

香港比上海热。
Xiānggǎng bǐ Shànghǎi rè.

哥哥一米七八，比爸爸高。
Gēge yì mǐ qī bā, bǐ bàba gāo.

妹妹一米六，比姐姐矮。
Mèimei yì mǐ liù, bǐ jiějie ǎi.

▶ 그림을 보고 다음 질문에 답하세요.

1. 爸爸多高？
2. 妹妹比姐姐高吗？
3. 谁最高？谁最矮？
4. 上海更热还是香港更热？
5. 哈尔滨和北京哪儿更冷？

听力 듣기훈련

第一部分 녹음을 듣고 알맞은 것을 고르세요.

1. **A** 冷热   **B** 凉快   **C** 暖和
2. **A** 夏天   **B** 秋天   **C** 冬天
3. **A** 季节   **B** 请问   **C** 几件
4. **A** 游泳   **B** 滑雪   **C** 运动
5. **A** 爬山   **B** 唱歌   **C** 上网

第二部分 녹음을 듣고 질문에 알맞은 답을 고르세요.

1. **A** 夏天   **B** 冬天
2. **A** 北京   **B** 香港
3. **A** 滑雪   **B** 游泳
4. **A** 爸爸   **B** 哥哥
5. **A** 看海   **B** 看雪
6. **A** 今天   **B** 昨天
7. **A** 暖和   **B** 很冷
8. **A** 妈妈   **B** 奶奶
9. **A** 一米七八   **B** 一米六二
10. **A** 儿子   **B** 女儿

练习 연습문제

1 다음 질문에 알맞은 답을 고르세요.

① 你为什么不买？
  A. 因为太贵　　　　　B. 因为喜欢　　　　　C. 因为很凉快

② 你喜欢哪个季节？
  A. 我喜欢暖和　　　　B. 我喜欢夏天　　　　C. 我不喜欢冬天

③ 你看，这件衣服怎么样？
  A. 颜色好看　　　　　B. 不高不矮　　　　　C. 常去爬山

2 보기와 같이 문장을 바꾸어 보세요.

> 보기
> 手机比电话贵。　→　电话没有手机贵。
> 哥哥没有弟弟高。　→　弟弟比哥哥高。

① 中国比日本大。　→ _____

② 西瓜比葡萄甜。　→ _____

③ 台湾没有韩国冷。　→ _____

④ 春天没有夏天热。　→ _____

3 보기 중 알맞은 것을 골라 문장을 완성하세요.

> 보기　　季节　　怎么样　　想家　　暖和　　滑雪

① 韩国人冬天常去_____。

② 今年的冬天比去年_____。

③ 下个月我们一起去旅游_____？

④ 一年有十二个月，一年有四个_____。

얼음 축제

　일본의 삿포로 유키 마츠리, 캐나다의 퀘벡 윈터 카니발과 함께 세계 3대 겨울 축제로 꼽히는 하얼빈 빙등제(哈尔滨冰灯节 Hā'ěrbīn Bīngdēng Jié)는 '하얼빈 얼음 축제' 혹은 '하얼빈 눈 축제'라고도 불립니다.

　하얼빈은 중국 헤이룽장(黑龙江 Hēilóngjiāng)의 성도(省都)로 겨울 내내 영하 30도 이하의 맹추위가 지속되는 곳입니다. 만주어로 '그물 말리는 곳'이라는 뜻인 하얼빈은 19세기 무렵까지는 불과 몇 채의 어민 가구가 거주하는 작은 마을에 지나지 않았으나 제정 러시아의 철도기지가 된 이래로 상업·교통도시로 발전하였다고 합니다.

　하얼빈은 길고 추운 겨울 때문에 '얼음 도시'라는 별명도 가지고 있는데, 이를 장점으로 활용하여, 전 세계의 유명 얼음 조각가들이 모여 만든 건축물이나 동물, 여신상, 미술품 등의 모형을 전시하는 축제를 매년 열고 있습니다.

　축제는 매년 1월 5일에서 2월 5일 정도에 시작되는데 축제기간 일주일 전부터 얼음 조각 설치가 시작되며, 3월까지 자오린 공원(兆麟公园 Zhàolín gōngyuán)과 송화강(松花江 Sōnghuā Jiāng)을 따라 펼쳐집니다. 오후 4시 이후에는 얼음 조각 안에 오색 등을 밝혀 장관을 이루는데요, 백두산 천지에서 발원하여 오염이 되지 않은 깨끗한 송화강에서 얻어지는 얼음은 투명도가 매우 높아 LED 전구 빛을 아름답게 표현해 줍니다. 축제가 열릴 때면 추운 날씨에도 불구하고 중국 각지에서 몰린 인파와 전 세계 관광객들로 하얼빈은 문전성시를 이룬답니다.

15

带雨伞了吗?
Dài yǔsǎn le ma?
우산 가져왔습니까?

课文 본문

外边儿天气怎么样？
Wàibianr tiānqì zěnmeyàng?

下着雨呢。
Xiàzhe yǔ ne.

刮不刮风？
Guā bu guā fēng?

还刮着呢。
Hái guāzhe ne.

你带雨伞了吗？
Nǐ dài yǔsǎn le ma?

我带着呢。
Wǒ dàizhe ne.

生词 새로운 단어

外边儿	wàibianr	밖, 바깥쪽
天气	tiānqì	날씨
下雨	xià yǔ	비가 내리다
着	zhe	…하고 있다
刮风	guā fēng	바람이 불다
带	dài	지니다, 휴대하다
雨伞	yǔsǎn	우산
开	kāi	열다, 켜다
门窗	ménchuāng	문과 창문
关	guān	닫다, 끄다
站	zhàn	서다
报	bào	신문
躺	tǎng	눕다
走	zǒu	걷다, 걸어가다

- 밖에 날씨 어때요?
- 비가 내리고 있어요.
- 바람은 불어요 안 불어요?
- 아직 불고 있어요.
- 우산 가져왔나요?
- 가지고 왔지요.

语法 어법 포인트

1 동태조사 着

동사 뒤에 '**着** zhe'를 써서 동작의 진행이나 상태의 지속을 나타낸다. 부정형식은 '**没(有)**'를 사용한다.

1) '…하고 있다'는 의미로 동작의 진행을 나타낸다.

- 他写着名字。 Tā xiězhe míngzi. 그는 이름을 쓰고 있습니다.
- 妈妈做着饭呢。 Māma zuòzhe fàn ne. 어머니는 밥을 하고 있습니다.

2) '…한 상태이다'라는 의미로 상태의 지속을 나타낸다.

- 门关着吗? Mén guānzhe ma? 문이 닫혀 있습니까?
- 门没开。 Mén méi kāi. 문은 열려 있지 않습니다.

3) '…한 상태로 …하고 있다'의 의미로 신체 동작의 상태 지속을 나타낸다.

- 他们站着说话呢。
  Tāmen zhànzhe shuō huà ne. 그들은 선 채로 이야기하고 있습니다.
- 病人在床上躺着休息。
  Bìngrén zài chuáng shang tǎngzhe xiūxi. 환자는 침대 위에 누워서 쉽니다.

4) '아직도', '여전히'라는 의미의 '**还**'와 함께 쓰면 지속의 어감을 강하게 나타낼 수 있다.

- 还下着雪呢。 Hái xiàzhe xuě ne. 아직도 눈이 내리고 있습니다.
- 还看着电视呢。 Hái kànzhe diànshì ne. 아직 텔레비전을 보고 있습니다.

> **名字** míngzi 이름
> **病人** bìngrén 환자

2 2음절 동사의 정반의문문

중국어의 정반의문문은 동사의 긍정형과 부정형을 연결하여 'A 不 A?'의 형식으로 표현하지만, '**刮风** guā fēng', '**下雨** xià yǔ', '**喜欢**' 등과 같은 2음절 동사의 경우 'AB 不 AB?'나 'A 不 AB?'의 형식으로 표현한다.

- 明天刮不刮风？ Míngtiān guā bu guā fēng? 내일 바람이 붑니까 안 붑니까?
- 你喜不喜欢冬天？ Nǐ xǐ bu xǐhuan dōngtiān? 당신은 겨울을 좋아합니까 안 좋아합니까?
- 这双皮鞋好不好看？ Zhè shuāng píxié hǎo bu hǎokàn? 이 구두는 예쁩니까 안 예쁩니까?

3 날씨 표현

刮风 guā fēng 바람이 불다	下雨 xià yǔ 비가 내리다	下雪 xià xuě 눈이 내리다	阴 yīn 흐리다	晴 qíng 맑다

 **看图学习** 그림학습

1 그림을 보며 큰소리로 따라하세요.

空调开着，门窗关着。
Kōngtiáo kāizhe, ménchuāng guānzhe.

电视关着，手机开着。
Diànshì guānzhe, shǒujī kāizhe.

弟弟唱着歌儿呢。
Dìdi chàngzhe gēr ne.

哥哥吃着汉堡呢。
Gēge chīzhe hànbǎo ne.

▶ 그림을 보고 다음 질문에 답하세요.

1. 电视开没开？
2. 空调开着还是关着？
3. 弟弟在干什么？
4. 妈妈喝着果汁儿吗？
5. 吃着汉堡的人是谁？

2 그림을 보며 큰소리로 따라하세요.

哥哥站着看报。
Gēge zhànzhe kàn bào.

姐姐坐着看电视。
Jiějie zuòzhe kàn diànshì.

弟弟躺着休息。
Dìdi tǎngzhe xiūxi.

妹妹走着吃东西。
Mèimei zǒuzhe chī dōngxi.

▶ 그림을 보고 다음 질문에 답하세요.

1. 弟弟在干什么？
2. 哥哥怎么看报？
3. 姐姐坐着干什么？
4. 妹妹走着干什么？
5. 弟弟躺着休息还是坐着休息？

听力 듣기훈련

第一部分 녹음을 듣고 알맞은 것을 고르세요.

1. **A** 下雨　　　**B** 刮风　　　**C** 雨伞
2. **A** 甜的　　　**B** 天气　　　**C** 蓝色
3. **A** 空调　　　**B** 手机　　　**C** 请问
4. **A** 下雪　　　**B** 刮风　　　**C** 下雨
5. **A** 躺着　　　**B** 站着　　　**C** 走着

第二部分 녹음을 듣고 질문에 알맞은 답을 고르세요.

1. **A** 雨伞　　　**B** 雨衣
2. **A** 妹妹　　　**B** 弟弟
3. **A** 早上　　　**B** 晚上
4. **A** 走着吃东西　　　**B** 坐着吃东西
5. **A** 刮风下雨　　　**B** 刮风下雪
6. **A** 带钱　　　**B** 没带钱
7. **A** 看书　　　**B** 上网
8. **A** 门和窗　　　**B** 空调和电脑
9. **A** 没带手机　　　**B** 没有手机
10. **A** 下雨了　　　**B** 没下过雨

练习 연습문제

1 '了, 着, 过'를 사용하여 문장을 완성하세요.

① 午饭已经吃_____。

② 弟弟躺_____看书呢。

③ 他开_____空调睡觉。

④ 你去没去_____美国?

⑤ 我去图书馆看书_____。

⑥ 我还没听_____中国歌儿呢。

2 알맞은 어순으로 배열하여 문장을 완성하세요.

① 저는 앉아서 전화를 걸고 있습니다.

　　电话　　我　　打　　坐着

_____

② 텔레비전은 켜져 있고, 에어컨은 꺼져 있습니다.

　　空调　　电视　　开着　　关着

_____

③ 밖에는 비가 오고 바람이 불고 있습니다.

　　风　　雨　　外边儿　　下着　　刮着

_____

3 다음을 중국어로 작문하세요.

① 서울 날씨는 어떻습니까?

_____

② 노트북을 가져왔습니까 안 가져왔습니까?

_____

15 带雨伞了? 　157

중국의 기후

　중국은 한국과 같이 전반적으로 사계절이 뚜렷한 특징의 기후를 보이지만 넓은 영토로 인해 지역별로 다양한 기후대가 나타납니다. 중국의 대부분 지역은 온대지방에 속하지만, 서부지역은 바다에서 멀리 떨어져 있고 고원이 병풍 역할을 하면서 강수량이 적어 건조한 기후가 일년간 지속됩니다. 동북삼성에는 냉대기후가 분포합니다.

　중국의 내륙은 습윤지대와 건조지대로 구분되는데, 동남부 지역에서부터 서북 내륙으로 이동할수록 강수량과 지형의 차이로 인해 삼림, 초원, 사막 지대가 차례로 나타납니다.

　중국 기후의 또 다른 특징은 대륙성 계절풍의 영향으로 일교차와 연교차가 매우 크다는 것입니다. 매년 9월부터 다음 해 4월까지는 겨울계절풍으로 남북온도차가 매우 심하고, 매년 4월부터 9월까지는 온난하고 다습한 여름계절풍으로 보통 후덥지근하고 비가 많으며 남북의 온도차는 매우 적습니다.

16

喝得多不多?
Hē de duō bu duō?

많이 마셨습니까?

课文 본문

昨天睡得好吗?
Zuótiān shuì de hǎo ma?

睡得不好。
Shuì de bù hǎo.

为什么?
Wèishénme?

昨晚喝酒喝得太多。
Zuówǎn hē jiǔ hē de tài duō.

快来吃点儿东西吧。
Kuài lái chī diǎnr dōngxi ba.

我一点儿也不饿。
Wǒ yìdiǎnr yě bú è.

生词

得	de	보어격 구조조사
睡	shuì	(잠을) 자다
昨晚	zuówǎn	어제 저녁
跳舞	tiào wǔ	춤을 추다
忙	máng	바쁘다
累	lèi	피곤하다, 지치다

- 어제 잘 잤니?
- 잘 못 잤어요.
- 왜?
- 어젯밤에 술을 너무 많이 마셨어요.
- 어서 와서 뭐라도 좀 먹으렴.
- 조금도 배고프지 않아요.

语法 어법 포인트

1 정도보어

중국어에서 보어는 동사나 형용사 뒤에 놓여 그 동사나 형용사를 보충 설명하는 역할을 한다. 구조조사 '得 de'를 사용하면 동사나 형용사의 정도가 어떠한지 구체적으로 묘사할 수 있다.

- 饿死了。 È sǐ le. 배고파 죽겠다.
- 爷爷走得快， 奶奶走得慢。
  Yéye zǒu de kuài, nǎinai zǒu de màn. 할아버지는 빨리 걷고, 할머니는 천천히 걷습니다.

1) 동사가 목적어를 동반할 때는 동사를 반복하고 반복한 동사 뒤에 '得'를 써서 정도를 나타낸다. 이때는 앞에 위치한 동사는 생략할 수 있다.

동사 + 목적어 + 동사 + 得 + 보어

- 他们写汉字写得很好。 Tāmen xiě Hànzì xiě de hěn hǎo. 그들은 한자를 잘 씁니다.
- 小明吃西瓜吃得很快。 Xiǎomíng chī xīguā chī de hěn kuài. 샤오밍은 수박을 빨리 먹습니다.

2) 정도보어를 부정하고자 할 때는 '得'의 뒷부분을 '不'로 부정한다.

주어 + 동사 + 목적어 + 동사 + 得 + 不 + 보어

- 哥哥做菜做得不好。 Gēge zuò cài zuò de bù hǎo. 형(오빠)는 요리를 잘 하지 못합니다.
- 她唱歌儿唱得不好听。 Tā chàng gēr chàng de bù hǎotīng. 그녀는 노래를 잘 부르지 못합니다.

3) 정도보어를 사용한 문장의 의문 대상은 보어 부분이기 때문에 정반의문문은 보어 부분을 반복하여 질문한다. 의문사를 사용한 의문문의 경우 보어 부분에 '怎么样 zěnmeyàng'을 사용하여 질문할 수 있다.

- 他写字写得快吗？ Tā xiě zì xiě de kuài ma? 그는 글자를 빨리 씁니까?
- 他写字写得快不快？ Tā xiě zì xiě de kuài bu kuài? 그는 글자를 빨리 씁니까 빨리 쓰지 못합니까?
- 他写字写得怎么样？ Tā xiě zì xiě de zěnmeyàng? 그는 글자를 어떻게 씁니까?

> 饱 bǎo 배부르다
> 汉字 Hànzì 한자
> 小明 Xiǎo Míng (名) 샤오밍

2 보어의 종류

보어의 종류	설명
방향보어	'来'나 '去'등을 사용하여 동작의 방향을 보충 설명한다. 他们都回去。 Tāmen dōu huíqu. 그들은 모두 돌아갑니다. 你什么时候过来？ Nǐ shénme shíhou guòlai? 당신은 언제 건너 옵니까?
시량보어	동사 뒤에서 동작의 지속시간을 보충 설명한다. 他等了十分钟。 Tā děngle shí fēnzhōng. 그는 10분을 기다렸습니다. 看电影看了一个半小时。 Kàn diànyǐng kànle yí ge bàn xiǎoshí. 영화를 1시간 반 동안 보았습니다.
동량보어	동작이나 행위가 발생한 횟수를 보충 설명한다. 请等一下。 Qǐng děng yíxià. 잠깐 기다려 주세요. 我吃过一次四川菜。 Wǒ chīguo yí cì Sìchuān cài. 저는 사천 요리를 한 번 먹어 본 적이 있습니다.
정도보어	동사나 형용사의 정도가 어떠한지 보충 설명한다. 我做菜做得不好。 Wǒ zuò cài zuò de bù hǎo. 저는 요리를 잘하지 못합니다. 他写汉字写得很好。 Tā xiě Hànzì xiě de hěn hǎo. 그는 한자를 잘 씁니다.
가능보어 / 결과보어	※ 다음 과정에서 배웁니다.

※ 等 děng 기다리다 请 qǐng 상대방에게 어떤 일을 부탁하거나 권함 一下 yíxià 잠깐

3 一点儿也不…

'一点儿'은 '也 yě'나 '都'와 함께 부정부사 앞에 쓰여 '조금도 …하지 않다'라는 강한 부정을 나타낸다.

- 我一点儿也不冷。
  Wǒ yìdiǎnr yě bù lěng. 저는 조금도 춥지 않습니다.

- 这件衣服一点儿都不漂亮。
  Zhè jiàn yīfu yìdiǎnr dōu bú piàoliang. 이 옷은 조금도 예쁘지 않습니다.

 **看图学习** 그림학습

1 그림을 보며 큰소리로 따라하세요.

滑雪滑得很好。
Huá xuě huá de hěn hǎo.

跳舞跳得不好。
Tiào wǔ tiào de bù hǎo.

开车开得很快。
Kāi chē kāi de hěn kuài.

跑步跑得很慢。
Pǎo bù pǎo de hěn màn.

▶ 그림을 보고 다음 질문에 답하세요.

1. 姐姐会不会滑雪?
2. 妹妹跑得快还是慢?
3. 哥哥开车开得怎么样?
4. 妹妹和同学谁跑得慢?
5. 爸爸唱得不好还是跳得不好?

2 그림을 보며 큰소리로 따라하세요.

一点儿也不冷。
Yìdiǎnr yě bù lěng.

一点儿也不忙。
Yìdiǎnr yě bù máng.

一点儿也不累。
Yìdiǎnr yě bú lèi.

一点儿也不漂亮。
Yìdiǎnr yě bú piàoliang.

▶ 그림을 보고 다음 질문에 답하세요.

1. 他现在冷不冷？
2. 他穿得多不多？
3. 他工作很忙吗？
4. 他跑得累不累？
5. 几个人不漂亮？

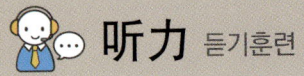 듣기훈련

第一部分 녹음을 듣고 알맞은 것을 고르세요.

1. A 骑车　　　　B 跑步　　　　C 散步

2. A 不饿　　　　B 不看　　　　C 不干

3. A 跳舞　　　　B 唱歌儿　　　C 喝酒

4. A 不忙　　　　B 不买　　　　C 不给

5. A 学得好　　　B 睡得好　　　C 滑得好

第二部分 녹음을 듣고 질문에 알맞은 답을 고르세요.

1. A 吃饭　　　　　　　B 吃菜

2. A 汉字写得好　　　　B 汉语说得好

3. A 跳得很好　　　　　B 一点儿也不好

4. A 冷多了　　　　　　B 一点儿也不冷

5. A 他是老板　　　　　B 他开车开得快

6. A 他骑车回来　　　　B 他开车回来

7. A 老师教书教得不好　B 老师一点儿也不好看

8. A 她一个人做菜　　　B 她和爸爸一起工作

9. A 哥哥游得好　　　　B 弟弟滑得好

10. A 非常累　　　　　　B 一点儿也不累

练习 연습문제

1 다음 대화를 알맞게 연결하세요.

① 你工作忙不忙？　　　　　　　　　　跳得很好。

② 今天天气怎么样？　　　　　　　　　一点儿也不冷。

③ 你要吃点儿什么？　　　　　　　　　我一点儿也不饿。

④ 她跳舞跳得怎么样？　　　　　　　　我一点儿也不忙。

2 '得'를 사용하여 문장을 만들어 보세요.

| 보기 | 他开车很快。 → 他开车开得很快。 |

① 他教书很好。　→ _____

② 他做菜好吃。　→ _____

③ 他写字漂亮。　→ _____

④ 他游泳很远。　→ _____

⑤ 他唱歌儿好听。→ _____

⑥ 今天下雨很大。→ _____

3 다음을 읽고 질문에 답하세요.

> 王虹昨天和几个朋友一起吃饭、喝酒、唱歌儿、跳舞。今天早上，她累得什么都不能做，在家睡了一天。

① 王虹昨天干什么了？　　　_____

② 今天早上王虹怎么样？　　_____

③ 王虹今天在家干什么了？　_____

④ 王虹昨天一个人吃饭了吗？_____

중국의 밤문화

저녁 노을이 깔리기 시작하면 바쁜 하루를 보낸 중국인들도 그들만의 한가로운 저녁 생활을 시작합니다. 20세기 개혁개방 이후로 중국의 경제가 급속히 발전하면서 중국인의 소득이 증가하고, 이에 따라 그들의 밤문화도 더욱 풍부하고 다양해졌습니다.

중국에 우후죽순으로 생겨난 문화 광장과 여가 센터들은 중국 사람들의 밤문화를 다양하게 해 줍니다. 댄스홀, 술집, PC방, 게임방들은 수많은 젊은이들이 집에 돌아가는 것도 잊고 밤 늦도록 즐기는 공간이 됩니다. 극장, 영화관 콘서트홀에서도 수많은 사람들이 풍부한 문화 만찬을 즐깁니다. 야시장, 식당, 찻집은 언제나 사람들이 넘치고 손님들로 가득차 있습니다.

또한 수많은 야간학교와 학원들은 뜻 있는 젊은이들의 밤을 자기개발의 시간으로 충전하게 합니다. 퇴직한 노년의 중국인들도 집 안에서 쓸쓸히 외로워하기보다는 밖으로 나와 거리에서 사람들과 함께 춤을 추거나 활동센터에서 서예와 그림을 배우기도 합니다.

※ **串吧 chuànbā** 꼬치 가게

중국의 거리 곳곳에서는 꼬치집을 쉽게 볼 수 있는데, 중국어로 꼬치는 '**串儿 chuànr**', 꼬치를 파는 가게를 '**串吧**'라고 합니다. 이 곳에서는 다양한 재료로 만든 꼬치를 볼 수 있습니다. 보통은 중국꼬치 특유의 맛과 향을 한 층 더해주는 향신료 '**孜然 zīrán**'을 뿌려 먹습니다.

※ **网吧 wǎngbā** PC방

한국의 PC방, 인터넷 카페와 같은 공간입니다. 2000년 부터 온라인 게임이 가능하게 되어 우후죽순처럼 '**网吧**'가 생겨났고, 충전식 선불카드를 이용해서 결제를 합니다. 한국과는 다르게 미성년자의 출입이 금지되어 있기도 합니다.

附录 부록

해석

第一课 住哪儿? 어디에 삽니까?

看图学习1 그림학습 1

- 공원은 대학교 뒷쪽에 있습니다.
- 약국은 정거장 옆쪽에 있습니다.
- 병원은 은행 앞쪽에 있습니다.
- 서점은 슈퍼마켓 맞은편에 있습니다.

看图学习2 그림학습 2

- 데이비드네는 네 식구입니다.
  그의 아내, 딸 하나, 아들 하나 그리고 데이비드입니다.
- 소영이네는 여섯 식구입니다.
  할머니, 아버지 어머니, 언니 둘 그리고 소영입니다.
- 왕홍네는 네 식구입니다.
  아버지 어머니, 여동생 한 명과 왕홍입니다.
- 하루미네는 세 식구입니다.
  그녀는 형제가 없습니다.

第二课 做什么工作? 무슨 일을 합니까?

看图学习1 그림학습 1

- 그는 수업을 합니다. 그는 선생님입니다.
- 그녀는 요리를 합니다. 그녀는 가정주부입니다.
- 그녀는 공부를 합니다. 그녀는 학생입니다.
- 그는 운전을 합니다. 그는 기사입니다.

看图学习2 그림학습 2

- 할머니는 공원에서 산책을 합니다.
- 아버지는 회사에서 회의를 합니다.
- 형(오빠)은 식당에서 밥을 먹습니다.
- 언니(누나)는 카페에서 주스를 마십니다.

第三课 要到哪儿去? 어디로 가려고 합니까?

看图学习1 그림학습 1

- 언니(누나)는 사과를 먹으려 합니다
- 아버지는 텔레비전를 보려 합니다.
- 형(오빠)은 출근하려 합니다.
- 어머니는 주스를 마시려 합니다.

看图学习2 그림학습 2

- 티엔안먼은 베이징 시 중심에 있습니다.
- 창청은 티엔안먼 북쪽에 있습니다.
- 티엔탄은 티엔안먼 동남쪽에 있습니다.
- 이허위안은 티엔안먼 서북쪽에 있습니다.

第四课 在干什么呢? 무엇을 하고 있습니까?

看图学习1 그림학습 1

- 어머니는 집에 없고, 슈퍼마켓에 있습니다.
- 아버지는 집에 없고, 회사에 있습니다.
- 남동생은 PC방에서 인터넷을 하고 있습니다.
- 여동생은 도서관에서 공부하고 있습니다.

看图学习2 그림학습 2

- 언니(누나)는 전화를 하고 있습니다.
- 남동생은 음악을 듣고 있습니다.
- 여동생은 콜라를 마시고 있습니다.
- 아버지와 어머니는 이야기를 하고 있습니다.

第五课 吃饭了吗? 식사했습니까?

看图学习1 그림학습 1

- 할아버지는 마셨습니다.
- 어머니는 이미 퇴근했습니다.
- 언니(누나)는 많은 물건을 샀습니다.
- 형(오빠)은 한 그릇도 안 먹었습니다.

看图学习2 그림학습 2

- 공부는 하기 싫고, 컴퓨터를 하고 싶습니다.
- 밥은 하고 싶지 않고, 쉬고 싶습니다.
- 책 보기는 싫고, 자고 싶습니다.
- 햄버거는 먹고 싶지 않고, 밥을 먹고 싶습니다.

第六课 爱不爱吃甜的? 단 음식을 즐겨 먹습니까?

看图学习1 그림학습 1

- 귤은 그다지 시지 않습니다.
- 약은 조금 씁니다.
- 쓰촨 요리는 매우 맵습니다.
- 바닷물은 대단히 짭니다.

看图学习2 그림학습 2
- 형(오빠)은 맥주를 즐겨 마십니다.
- 남동생은 영화 보는 것을 좋아합니다.
- 언니(누나)는 밥하는 것을 싫어합니다.
- 여동생은 운동을 좋아하지 않습니다.

第七课 和谁一起去？ 누구와 함께 갑니까?

看图学习1 그림학습 1
- 저는 혼자 공부합니다.
- 저는 혼자 산책을 갑니다.
- 저는 가족들과 함께 여행을 갑니다.
- 저는 선생님과 함께 영화를 보러 갑니다.

看图学习2 그림학습 2
- 베이징에서 상하이까지입니다.
- 작년부터 지금까지입니다.
- 월요일부터 금요일까지입니다.
- 오전 9시부터 오후 6시까지입니다.

第八课 是从哪儿来的？ 어디에서 왔습니까?

看图学习1 그림학습 1
- 그녀는 기차를 타고 갔습니다.
- 그녀는 어머니와 함께 보았습니다.
- 그는 어제 오지 않았습니다.
- 그녀는 슈퍼마켓에서 사지 않았습니다.

看图学习2 그림학습 2
- 소영이는 지난주에 서울에서 왔습니다. 그녀는 출장을 왔습니다.
- 왕홍은 상하이에서 왔습니다. 그녀는 일하러 왔습니다.
- 하루미는 혼자서 도쿄에서 왔습니다. 그녀는 공부하러 왔습니다.
- 데이비드는 비행기를 타고 뉴욕에서 왔습니다. 그는 영어를 가르치러 왔습니다.

第九课 离这儿远吗？ 여기에서 멉니까?

看图学习1 그림학습 1
- 창청은 여기에서 매우 멉니다.
- 수도공항은 여기에서 다소 멉니다.
- 이허위안은 여기에서 그다지 멀지 않습니다.
- 베이징 대학교는 여기에서 가깝습니다.

看图学习2 그림학습 2
- 일찍 일어납니다.
- 늦게 퇴근합니다.
- 빨리 귀가하세요.
- 천천히 하세요.

第十课 会不会说汉语？ 중국어 할 줄 압니까?

看图学习1 그림학습 1
- 한 해는 12개월입니다.
- 일주일은 7일입니다.
- 하루는 24시간입니다.
- 한 시간은 60분입니다.

看图学习2 그림학습 2
- 왕홍은 수영을 할 줄 압니다.
  그녀는 멀리까지 수영할 수 있습니다.
- 남동생은 술을 마실 줄 압니다.
  그는 두 병을 마실 수 있습니다.
- 하루미는 지금 컴퓨터가 없어서,
  인터넷을 할 수 없습니다.
- 여동생은 지금 펜이 없어서,
  글자를 쓸 수 없습니다.

第十一课 要什么颜色的？ 어떤 색깔을 원합니까?

看图学习1 그림학습 1
- 2층에서 휴대폰을 삽니다.
- 3층에서 USB를 봅니다.
- 텔레비전은 4층에 있습니다.
- 우리들은 5층에서 노래를 부릅니다.

看图学习2 그림학습 2
- 이것은 당신 것입니까 아니면 그의 것입니까?
- 당신은 아이스 커피를 마십니까 아니면 뜨거운 커피를 마십니까?
- 당신은 오늘 갑니까 아니면 내일 갑니까?
- 당신은 2층에 삽니까 아니면 3층에 삽니까?

해석

第十二课 去过台湾吗? 타이완에 간 적이 있습니까?

看图学习1 그림학습 1

- 호텔에 묵은 적이 있습니다.
- 중국어를 배운 적이 있습니다.
- 영화관에 두 번 간 적이 있습니다.
- 상하이에 여러 번 온 적이 있습니다.

看图学习2 그림학습 2

- 매일 중국어를 공부합니다.
- 영화를 자주 보지 않습니다.
- 왜 비쌉니까?
- 물건이 좋기 때문입니다.

第十三课 花了多少钱? 얼마 썼습니까?

看图学习1 그림학습 1

- 책 한 권과 지도 한 장입니다.
- 옷 한 벌과 양말 한 켤레입니다.
- 생수 한 병과 우유 한 팩입니다.
- 콜라 한 캔과 커피 한 잔입니다.

看图学习2 그림학습 2

- 제가 그에게 100위안을 주었는데, 그는 술집에 가서 95위안을 썼습니다.
- 제가 그녀에게 50위안을 주었는데, 그녀는 슈퍼마켓에 가서 22위안을 썼습니다.
- 제가 그에게 100위안을 주었는데, 그는 약을 사는 데 40위안을 썼습니다.
- 제가 그녀에게 50위안을 주었는데, 그녀는 영화를 보는 데 50위안을 썼습니다.

第十四课 喜欢哪个季节? 어느 계절을 좋아합니까?

看图学习1 그림학습 1

- 봄은 따뜻해서 자주 꽃을 보러 갑니다.
- 여름은 더워서 자주 수영하러 갑니다.
- 가을은 시원해서 자주 등산하러 갑니다.
- 겨울은 추워서 자주 스키타러 갑니다.

看图学习2 그림학습 2

- 하얼빈은 베이징보다 춥습니다.
- 홍콩은 상하이보다 덥습니다.
- 형(오빠)은 178cm이고, 아버지보다 큽니다.
- 여동생은 160cm이고, 언니(누나)보다 작습니다.

第十五课 带雨伞了吗? 우산 가져왔습니까?

看图学习1 그림학습 1

- 에어컨은 켜져 있고, 문과 창문은 닫혀 있습니다.
- 텔레비전은 꺼져 있고, 핸드폰은 켜져 있습니다.
- 남동생은 노래를 부르고 있습니다.
- 형(오빠)은 햄버거를 먹고 있습니다.

看图学习2 그림학습 2

- 형(오빠)은 서서 신문을 봅니다.
- 언니(누나)는 앉아서 텔레비전을 봅니다.
- 남동생은 누워서 쉽니다.
- 여동생은 걸으면서 음식을 먹습니다.

第十六课 喝得多不多? 많이 마셨습니까?

看图学习1 그림학습 1

- 스키를 잘 탑니다.
- 춤을 못 춥니다.
- 운전을 빨리 합니다.
- 달리기가 느립니다.

看图学习2 그림학습 2

- 조금도 춥지 않습니다.
- 조금도 바쁘지 않습니다.
- 조금도 피곤하지 않습니다.
- 조금도 예쁘지 않습니다.

답안

第一课 住哪儿? 어디에 삽니까?

看图学习1 그림학습 1

1. 超市哪在儿?　超市在书店对面。
2. 大学附近有什么?
   大学附近有医院、公园和书店。
3. 药店在医院里吗?
   药店不在医院里，在医院旁边儿。
4. 银行旁边儿有什么?　银行旁边儿有公园。
5. 车站在不在药店对面?
   车站不在药店对面，在中学对面。

看图学习2 그림학습 2

1. 谁家是大家庭?　素英家是大家庭。
2. 大卫家有几口人?　大卫家有四口人。
3. 王虹家谁是空姐?　王虹是空姐。
4. 春美有没有弟弟?
   没有，春美没有兄弟姐妹。
5. 素英家都有什么人?
   素英家有奶奶、爸妈、两个姐姐和她。

听力 듣기훈련

第一部分

1. C. 附近 [fùjìn]
2. B. 超市 [chāoshì]
3. C. 妻子 [qīzi]
4. B. 对面 [duìmiàn]
5. A. 儿子 [érzi]

第二部分

1. 老师家在医院前面，我家在医院后面。
   问题: 老师住哪儿?
   A. 住医院前面
2. 他家一共有三口人，爸爸妈妈和他。
   问题: 他家是不是大家庭?
   B. 不是大家庭
3. 我们学校附近有一个大超市，那儿什么都有。
   问题: 学校附近有什么?
   B. 有超市
4. 姐姐在书店上班，书店在银行对面。
   问题: 书店在哪儿?
   B. 银行对面
5. 老师的丈夫在药店买药，老师在书店买书。
   问题: 老师在哪儿?
   A. 在书店
6. 我家左边儿有一个大学，右边儿有一个公园。
   问题: 大学在哪儿?
   A. 在我家左边儿
7. 王老师的女儿是大学生，儿子是高中生。
   问题: 谁是大学生?
   B. 王老师的女儿
8. 他家有爸爸妈妈和一个弟弟。
   问题: 他家有几口人?
   B. 四口人
9. 李老师家有妈妈，妻子和两个女儿。
   问题: 李老师有没有爸爸?
   B. 没有爸爸
10. 他不是中国人，是美国人。 他的妻子是中国人。
    问题: 谁是中国人?
    B. 他妻子

练习 연습문제

1.
① 你喝什么?　—　我喝可乐。
② 你家在哪儿?　—　我家在前门附近。
③ 你是哪国人?　—　我是韩国人。
④ 你是大学生吗?　—　我是高中生。
⑤ 你家有几口人?　—　我家有五口人。

2.
① 你家　在　哪儿?
② 车站　在　我家前面。
③ 你家都　有　什么人?
④ 桌子上边儿　有　两本书
⑤ 他的爸爸妈妈都　是　医生。
⑥ 你的英语老师　是　哪国人?

3.

我家后面有一个公园，公园旁边儿是医院。我有爸爸、妈妈和两个弟弟。

부록　173

답안

① 我家有几口人？ 我家有五口人。
② 我有没有妹妹？ 我没有妹妹。
③ 我家在公园的哪边儿？ 我家在公园前边儿。
④ 我家附近有没有医院？
　 有，我家附近有医院。

第二课 做什么工作？ 무슨 일을 합니까?

看图学习1 그림학습 1

1. 谁做菜？ 家庭主妇做菜。
2. 老师做什么？ 老师教书。
3. 学生做什么？ 学生学习。
4. 司机做什么？ 司机开车。
5. 他开车，他是不是老板？
　 他不是老板，是司机。

看图学习2 그림학습 2

1. 小狗在哪儿？ 小狗在公园里。
2. 哥哥在家吃饭吗？
　 不，哥哥在餐厅吃饭。
3. 奶奶在公园做什么？ 奶奶在公园散步。
4. 爸爸在公司做什么？ 爸爸在公司开会。
5. 姐姐在哪儿喝什么？ 姐姐在咖啡厅喝果汁儿。

听力 듣기훈련

第一部分

1. C. 散步 [sàn bù]
2. C. 餐厅 [cāntīng]
3. B. 教书 [jiāo shū]
4. A. 做生意 [zuò shēngyi]
5. A. 家庭主妇 [jiātíng zhǔfù]

第二部分

1. 我哥哥在学校教书，我姐姐在银行工作。
　 问题：哥哥做什么工作？
　 A. 老师
2. 妈妈在超市买菜，爸爸在公园跑步。
　 问题：妈妈在不在公园？
　 B. 不在
3. 下午妈妈在家做菜，我在学校学习。
　 问题：妈妈下午在哪儿做什么？
　 A. 在家做菜
4. 爸爸是餐厅老板，哥哥是公司职员，弟弟是大学生。
　 问题：弟弟做什么工作？
　 B. 他是学生
5. 他家附近有一个咖啡厅，周末他都在那儿学习。
　 问题：周末他都在哪儿？
　 B. 咖啡厅
6. 奶奶上午去超市，晚上在家做晚饭。
　 问题：奶奶上午去哪儿？
　 B. 去超市
7. 他早上在公园跑步，下午在公司工作。
　 问题：早上他在哪儿？
　 A. 在公园
8. 哥哥白天不工作，晚上开出租车。
　 问题：哥哥做什么工作？
　 A. 司机
9. 小王是电脑公司的老板，公司里有很多职员。
　 问题：小王做什么生意？
　 B. 电脑生意
10. 姐姐在学校教英语，妹妹在学校学英语。
　　问题：谁是学生？
　　A. 妹妹是学生

练习 연습문제

1.
① 你家都有什么人？ B. 爸爸、妈妈和我
② 你妈妈做什么工作？ B. 我妈妈是老师
③ 你爸爸是不是老板？
　 C. 我爸爸做生意，他是老板

2.
① 他在公司开车，他是 __司机__ 。
② 我妹妹在学校学习，她是 __学生__ 。
③ 我妈妈在学校教汉语，她是 __老师__ 。
④ 我爸爸做生意，他是 __老板__ ，他有很多职员。
⑤ 我哥哥在公司上班，他不是老板，他是

___职员___。

3.
我早上在公园散步，中午在餐厅吃饭，下午在公司开会，晚上在咖啡厅喝果汁儿。

① 我早上做什么？ 我早上在公园散步。
② 我中午在哪儿吃饭？ 我中午在餐厅吃饭。
③ 我什么时候在公司开会？ 我下午在公司开会。
④ 我晚上在咖啡厅做什么？
   我晚上在咖啡厅喝果汁儿。

第三课 要到哪儿去？ 어디로 가려고 합니까？

看图学习1 그림학습 1

1. 爸爸要做什么？ 爸爸要看电视。
2. 妈妈要做菜吗？ 不，妈妈要喝果汁儿。
3. 现在家里都有谁？
   现在家里有爸爸、妈妈、哥哥和姐姐。
4. 哥哥要到哪儿去？ 哥哥要去上班。
5. 苹果在哪儿？谁要吃？
   苹果在冰箱里。姐姐要吃苹果。

看图学习2 그림학습 2

1. 故宫在哪儿？
   故宫在天安门北边儿。
2. 天安门前后都有什么？
   天安门前边儿有前门，后边儿有故宫。
3. 长城在颐和园哪边儿？
   长城在颐和园的东北边儿。
4. 北京火车站的南边儿是哪儿？
   北京火车站的南边儿是天坛。
5. 首都国际机场在北京市中心吗？
   首都国际机场不在北京市中心。

听力 듣기훈련
第一部分
1. A. 朋友 [péngyou]
2. C. 机场 [jīchǎng]
3. B. 电视 [diànshì]
4. B. 天安门 [Tiān'ānmén]
5. C. 东北边儿 [dōngběibianr]

第二部分
1. 哥哥要去书店买书，我要去朋友家玩儿。
   问题：哥哥要到哪儿去？
   A. 书店
2. 下午老板去首都国际机场，他要去日本。
   问题：老板要去哪儿？
   B. 去日本
3. 我要坐地铁去王老师家，王老师家在火车站北边儿。
   问题：我怎么去王老师家？
   A. 坐地铁去
4. 这个周末我和朋友要去颐和园玩儿，哥哥要去长城玩儿。
   问题：哥哥要去哪儿？
   A. 长城
5. 姐姐昨天在咖啡厅喝咖啡，今天要去咖啡厅喝果汁儿。
   问题：姐姐今天要喝什么？
   B. 果汁儿
6. 她明年要去日本，后年要去美国。
   问题：她什么时候去美国？
   B. 后年
7. 今天晚上爸爸不回来吃饭，他和同事要去餐厅吃饭。
   问题：爸爸今天晚上在哪儿吃饭？
   B. 在餐厅吃
8. 哥哥要去市中心玩儿，我要回家看电视。
   问题：哥哥要到哪儿去？
   B. 去市中心
9. 韩国在中国的东边儿，美国在中国的西边儿。
   问题：中国的东边儿是哪国？
   A. 韩国
10. 颐和园在故宫的西北边儿，故宫在颐和园的东南边儿。
    问题：颐和园在故宫哪边儿？
    B. 西北边儿

답안

练习 연습문제

1.
① 姐姐 / 买 / 衣服 → 姐姐要买衣服。
② 老师 / 去 / 书店 → 老师要去书店。
③ 弟弟 / 吃 / 蛋糕 → 弟弟要吃蛋糕。
④ 哥哥 / 去 / 中国 → 哥哥要去中国。

2.
① 창청은 베이징의 북쪽에 있습니다.
长城在北京北边儿。
② 언니(누나)는 케이크를 먹으려 하고, 형(오빠)은 커피를 마시려 합니다.
姐姐要吃蛋糕，哥哥要喝咖啡。

3.

> 我们学校在北京市东南边儿，学校后边儿有公园和医院，旁边儿有超市和书店。车站在哪儿呢？车站在学校前边儿。

① 书店在哪儿？ 书店在学校旁边儿。
② 我们学校在哪儿？
我们学校在北京市东南边儿。
③ 学校附近有没有车站？
学校附近有车站，车站在学校前边儿。
④ 学校附近有没有公园？在哪儿？
学校附近有公园。公园在学校后边儿。

第四课 在干什么呢？ 무엇을 하고 있습니까?

看图学习1 그림학습 1

1. 妈妈在不在家？
妈妈不在家，她在超市。
2. 爸爸也不在家吗？
爸爸也不在家，他在公司。
3. 弟弟在干什么呢？ 弟弟在网吧上网呢。
4. 妹妹在哪儿学习？ 妹妹在图书馆学习。
5. 爸爸是不是在开会？ 爸爸不是在开会。

看图学习2 그림학습 2

1. 谁在说话？ 爸爸妈妈在说话。
2. 他们都在哪儿？ 他们都在车里。
3. 谁在哥哥旁边儿？ 姐姐在哥哥旁边儿。

4. 爷爷奶奶在干什么？ 爷爷奶奶在睡觉呢。
5. 弟弟在干什么？妹妹呢？
弟弟在听音乐。妹妹在喝可乐。

听力 듣기훈련

第一部分
1. A. 音乐 [yīnyuè]
2. A. 网吧 [wǎngbā]
3. B. 做菜 [zuò cài]
4. C. 打电话 [dǎ diànhuà]
5. C. 图书馆 [túshūguǎn]

第二部分

1. 白天爸爸妈妈在公司上班，我们在奶奶家玩儿。
问题：白天我们在哪儿？
B. 在奶奶家

2. 周末下午哥哥不在家，他在网吧上网呢。
问题：哥哥周末下午干什么？
B. 在网吧上网

3. 爷爷在家看报纸，奶奶在超市买水果。
问题：奶奶在超市干什么？
B. 买水果

4. 学生都在学习，老师都在开会。
问题：谁在开会？
A. 老师们

5. 奶奶在看电视，妈妈在做菜，爸爸在打电话呢。
问题：妈妈现在在哪儿？
A. 在厨房做菜

6. 弟弟在咖啡厅喝可乐，妹妹在餐厅吃汉堡。
问题：妹妹在喝可乐吗？
B. 在吃汉堡

7. 同学们都在市中心玩儿，妹妹在图书馆学习。
问题：妹妹在干什么？
A. 在学习

8. 爸爸妈妈在前边儿说话，我们在后边儿听音乐呢。
问题：爸爸妈妈在干什么？
A. 在说话

9. 姐姐是家庭主妇，她今天在家不出去。
问题：姐姐今天在不在家？
A. 在家

10. 爸爸在开车，他儿子在旁边儿睡觉呢。
    问题：他们现在在哪儿？
    A. 在车里

练习 연습문제

1.
① 他是谁？　　　　　•　　•　我在看电视。
② 你在干什么？　　　•　　•　我要去朋友家。
③ 你们在哪儿？　　　•　　•　他是我爸爸的同事。
④ 你要到哪儿去？　　•　　•　我们在超市买水果呢。

2.
① 他在睡觉呢。
   → 그는 잠을 자고 있습니다.
② 王老板在不在那儿？
   → 왕 사장님이 거기 있습니까 없습니까?
③ 妹妹在学校学习呢。
   → 여동생은 학교에서 공부하고 있습니다.
④ 妈妈不在家，她在公司。
   → 어머니는 집에 있지 않고, 회사에 있습니다.
⑤ 弟弟在听歌儿，我在看书呢。
   → 남동생은 노래를 듣고 있고, 저는 책을 보고 있습니다.

3.

> 我爸爸做生意，他是老板。今天爸爸不在公司，他在北京开会，明天回来。

① 爸爸是公司职员。　　　　　　(X)
② 今天爸爸不在公司。　　　　　(O)
③ 明天爸爸去北京开会。　　　　(X)
④ 爸爸和老板一起去了中国。　　(X)

第五课 吃饭了吗？ 식사했습니까?

看图学习1 그림학습 1

1. 爷爷喝了吗？　爷爷喝了。
2. 哥哥吃没吃饭？　哥哥一碗也没吃。
3. 妈妈还没下班吗？　妈妈已经下班了。
4. 谁买了很多东西？　姐姐买了很多东西。
5. 妹妹买没买东西？　妹妹没买东西。

看图学习2 그림학습 2

1. 谁不想学习？　妹妹不想学习。

2. 姐姐想干什么？　姐姐想睡觉。
3. 妹妹要做什么？　妹妹要玩儿电脑。
4. 爷爷要吃汉堡吗？
   爷爷不想吃汉堡，他想吃米饭。
5. 妈妈为什么不想做饭？　妈妈想休息。

听力 듣기훈련

第一部分

1. B. 已经 [yǐjīng]
2. A. 睡觉 [shuì jiào]
3. B. 休息 [xiūxi]
4. C. 米饭 [mǐfàn]
5. A. 一碗 [yì wǎn]

第二部分

1. 爸爸没回来，我们不吃晚饭。
   问题：爸爸回来了，我们吃没吃晚饭？
   A. 吃了
2. 奶奶说不饿，不想吃饭，她想吃水果。
   问题：奶奶想吃什么？
   B. 想吃水果
3. 姐姐明天不上班，她想去市中心买衣服。
   问题：姐姐明天想干什么？
   B. 想出去买衣服
4. 哥哥还没睡觉，他在看书学习呢。
   问题：哥哥已经睡觉了吗？
   A. 还没睡觉
5. 弟弟不想学习，想玩儿电脑。妹妹也不想学习，想看电视。
   问题：谁不想学习？
   B. 弟弟和妹妹
6. 哥哥非常饿，吃了两碗饭。弟弟不饿，一碗也没吃。
   问题：哥哥吃了几碗饭？
   A. 吃了两碗
7. 现在七点半，哥哥还没起床，姐姐已经起床了。
   问题：哥哥起床了吗？
   B. 没起床
8. 妻子想去餐厅吃饭，丈夫想在家吃饭。
   问题：丈夫想在哪儿吃饭？

답안

A. 想在家吃饭

9. 他们今天买了很多好吃的东西，明天要去颐和园玩儿。
   问题: 他们为什么买了好吃的东西？
   B. 要去颐和园

10. 爷爷奶奶说今天不想出去，想在家休息。
    问题: 谁不想出去？
    B. 爷爷和奶奶

练习 연습문제

1.
① 吃 米饭　② 上 网　③ 听 音乐
④ 学 汉语　⑤ 说 话　⑥ 喝 可乐
⑦ 开 车　⑧ 打 电话　⑨ 看 电视
⑩ 开 会　⑪ 做 生意　⑫ 玩儿 电脑

2.
① 奶奶 / 喝 → 奶奶还没喝呢。
　할머니는 아직 마시지 않았습니다.
② 爸爸 / 下班 → 爸爸已经下班了。
　아버지는 벌써 퇴근했습니다.
③ 妹妹 / 买水果 → 妹妹还没买水果。
　여동생은 아직 과일을 사지 않았습니다.
④ 弟弟 / 吃两碗饭 → 弟弟已经吃了两碗饭。
　남동생은 벌써 두 그릇을 먹었습니다.

3.
① 你想吃面包吗？（吃米饭）
　→ 我不想吃面包，想吃米饭。
② 你要唱歌儿吗？（听歌儿）
　→ 我不想唱歌儿，要听歌儿。
③ 你要学英语吗？（学汉语）
　→ 我不想学英语，想学汉语。
④ 你想去故宫吗？（去颐和园）
　→ 我不想去故宫，想去颐和园。
⑤ 你要看电视吗？（玩儿电脑）
　→ 我不想看电视，要玩儿电脑。

第六课 爱不爱吃甜的? 단 음식을 즐겨 먹습니까?

看图学习1 그림학습 1

1. 什么非常咸？ 海水非常咸。
2. 橘子很酸吗？ 橘子不太酸。
3. 药好不好吃？ 药不好吃，有点儿苦。
4. 四川菜辣不辣？ 四川菜很辣。
5. 四川菜是不是很甜？ 四川菜不甜。

看图学习2 그림학습 2

1. 谁不爱做饭？ 姐姐不爱做饭。
2. 哥哥爱喝什么？ 哥哥爱喝啤酒。
3. 弟弟喜欢看什么？ 弟弟喜欢看电影。
4. 妹妹喜不喜欢运动？ 妹妹不喜欢运动。
5. 哥哥想喝葡萄酒吗？ 不，哥哥想喝啤酒。

听力 듣기훈련

第一部分
1. B. 喜欢 [xǐhuan]
2. C. 蛋糕 [dàngāo]
3. A. 电影 [diànyǐng]
4. C. 咸的 [xián de]
5. A. 海水 [hǎishuǐ]

第二部分
1. 蛋糕太甜，奶奶不爱吃蛋糕。
   问题: 奶奶喜欢吃甜的吗？
   B. 不喜欢
2. 王老师非常喜欢吃辣的，李老师不太喜欢。
   问题: 谁爱吃辣的？
   A. 王老师
3. 哥哥喜欢运动，姐姐喜欢听音乐。
   问题: 姐姐喜欢做什么？
   B. 听音乐
4. 今天买的橘子太酸不甜，大家都不爱吃。
   问题: 为什么大家都不爱吃橘子？
   A. 橘子太酸
5. 我们家的电视有点儿贵，他们家的电视非常贵。
   问题: 谁家的电视更贵？
   A. 他们家的
6. 学韩语的人很多，学汉语的人也很多，学英语的人最多。
   问题: 学什么的人最多？

B. 学英语的人

7. 我的女儿和儿子都不喜欢吃药，他们说药太苦。
问题：他们为什么不爱吃药？
B. 药太苦

8. 爸爸喜欢和朋友喝啤酒，妈妈喜欢和朋友喝果汁儿。
问题：爸爸喜欢和朋友喝什么？
A. 啤酒

9. 妹妹爱走路，不爱骑自行车。弟弟爱骑自行车，不爱走路。
问题：妹妹爱走路吗？
A. 爱走路

10. 今天中午我们点的比萨有点儿咸，不太好吃。
问题：比萨为什么不太好吃？
B. 有点儿咸

练习 연습문제

1.
① 我不喜欢吃药，药太 苦 。
② 我爱吃西瓜，西瓜很 甜 。
③ 我不爱吃橘子，橘子很 酸 。
④ 我不喜欢吃蛋糕，蛋糕太 甜 。
⑤ 我喜欢吃四川菜，四川菜很 辣 。

2.
① 今天的菜 有点儿 咸。
오늘의 요리는 다소 짭니다.
② 我想喝热 一点儿 的牛奶。
저는 조금 따뜻한 우유를 마시고 싶습니다.
③ 妈妈喜欢吃甜 一点儿 的水果。
어머니는 조금 단 과일을 좋아합니다.
④ 姐姐买的这件衣服 有点儿 大。
언니(누나)가 산 이 옷은 다소 큽니다.
⑤ 这手表不贵，那手表贵 一点儿 。
이 시계는 안 비싸고, 그 시계는 조금 비쌉니다.

3.
姐姐和妹妹都非常爱吃蛋糕。妹妹吃蛋糕喝可乐，姐姐吃蛋糕喝咖啡。她们都不喜欢喝果汁儿。

① 妹妹吃蛋糕喝什么？ 妹妹吃蛋糕喝可乐。

② 姐姐吃蛋糕喝什么？ 姐姐吃蛋糕喝咖啡。
③ 她们都不喜欢喝什么？
她们都不喜欢喝果汁儿。
④ 姐姐和妹妹都爱吃什么？
姐姐和妹妹都爱吃蛋糕。

第七课 和谁一起去？ 누구와 함께 갑니까？

看图学习1 그림학습 1

1. 弟弟在干什么？ 弟弟在学习。
2. 王虹家有几口人？ 王虹家有四口人。
3. 姐姐和谁一起散步？ 姐姐一个人散步。
4. 大卫一个人去看电影吗？
不，大卫和两个学生一起去看电影。
5. 王虹和家人一起去干什么？
王虹和家人一起去旅游。

看图学习2 그림학습 2

1. 从哪儿到上海？ 从北京到上海。
2. 从九点到几点？ 从九点到六点。
3. 从星期一到星期几？ 从星期一到星期五。
4. 从去年到什么时候？ 从去年到现在。
5. 从什么时候到下午？ 从上午到下午。

听力 듣기훈련

第一部分
1. C. 一起 [yìqǐ]
2. B. 周末 [zhōumò]
3. A. 旅游 [lǚyóu]
4. A. 一个人 [yí ge rén]
5. B. 电影院 [diànyǐngyuàn]

第二部分
1. 爸爸妈妈一起到餐厅去吃四川菜了。
问题：妈妈和谁一起去吃四川菜？
B. 和爸爸一起去

2. 我们从星期一到星期五工作，周末休息。
问题：我们星期几不工作？
B. 星期六和星期天

3. 姐姐今天晚上要去看电影，妹妹也想和她一起去。

답안

　　问题：妹妹想和姐姐一起干什么？
　　B. 看电影

4. 姐姐上午从九点到十一点学英语，下午从两点到四点学电脑。
　　问题：姐姐几点学英语？
　　A. 上午九点

5. 妈妈从2008年到现在都在超市工作。
　　问题：妈妈现在在哪儿工作？
　　B. 超市

6. 妈妈和爷爷奶奶一起坐出租车去天坛，我们坐地铁去。
　　问题：爷爷奶奶怎么去？
　　B. 坐出租车去

7. 去年我和爸爸一起去中国旅游了，今年我们想去美国旅游。
　　问题：今年我们想去哪儿旅游？
　　B. 美国

8. 从北京到上海，坐火车不贵，坐飞机很贵。
　　问题：从北京到上海坐什么去更贵？
　　A. 飞机

9. 前年苹果两块钱一斤，去年四块钱一斤，今年三块钱一斤。
　　问题：哪年的苹果四块钱一斤？
　　B. 去年

10. 从我家到学校走路太远，我骑自行车去。
　　问题：我怎么去学校？
　　B. 骑车去

练习 연습문제

1.
① 电影 diànyǐng　② 周末 zhōumò
③ 学习 xuéxí　　 ④ 旅游 lǚyóu
⑤ 星期 xīngqī　　⑥ 图书馆 túshūguǎn
⑦ 厨房 chúfáng　⑧ 附近 fùjin
⑨ 朋友 péngyou

2.
① 你几点开会？（9:00~10:00）
　→ **我从九点到十点开会。**
② 你昨天工作了吗？（早上~晚上）
　→ **我昨天从早上到晚上工作了。**
③ 你什么时候上班？（星期一~星期五）
　→ **我从星期一到星期五上班。**
④ 这火车要到哪儿去？（北京~上海）
　→ **这火车要从北京到上海去。**
⑤ 你什么时候学了汉语？（前年~去年）
　→ **我从前年到去年学了汉语。**

3.
① 我吃晚饭。（和家人一起）
　→ **我和家人一起吃晚饭。**
② 我在图书馆学习。（一个人）
　→ **我一个人在图书馆学习。**
③ 奶奶去公园散步。（和爷爷一起）
　→ **奶奶和爷爷一起去公园散步。**
④ 我不喜欢去咖啡厅。（一个人）
　→ **我不喜欢一个人去咖啡厅。**

第八课 是从哪儿来的？ 어디에서 왔습니까？

看图学习1 그림학습 1

1. 妹妹是坐什么去的？　**她是坐火车去的。**
2. 妹妹一个人看的吗？
　　不是，她是和妈妈一起看的。
3. 哥哥什么时候来的？　**他是今天来的。**
4. 姐姐是在哪儿买的？　**她是在百货商场买的。**
5. 哥哥是不是前天来的？
　　他不是前天来的，是今天来的。

看图学习2 그림학습 2

1. 大卫是怎么来的？　**大卫是坐飞机来的。**
2. 春美和谁一起来的？　**春美是一个人来的。**
3. 王虹是从哪儿来的？　**王虹是从上海来的。**
4. 素英是来干什么的？　**素英是来出差的。**
5. 素英是什么时候来的？
　　素英是上个星期来的。

听力 듣기훈련
第一部分

1. **C.** 首尔 [Shǒu'ěr]
2. **A.** 出差 [chūchāi]
3. **B.** 火车 [huǒchē]
4. **A.** 英语 [Yīngyǔ]
5. **C.** 纽约 [Niǔyuē]

第二部分

1. 她是从中国上海来的，是来工作的。
   问题：她是从哪儿来的？
   B. 从上海来的

2. 爸爸是去纽约出差的，不是去旅游的。
   问题：爸爸是去干什么的？
   A. 去出差的

3. 朋友是从日本旅游回来的，我是从美国学习回来的。
   问题：朋友去日本干什么了？
   B. 去旅游了

4. 这些东西都是在超市买的，那些东西不是在超市买的。
   问题：哪些东西不是在超市买的？
   B. 那些东西

5. 哥哥的朋友都是从韩国来的，他们都爱吃中国菜。
   问题：哥哥的朋友都是哪国人？
   A. 韩国人

6. 爸爸不是六点出去的，是八点出去的。
   问题：爸爸几点出去？
   B. 八点

7. 她是从美国来的，她是来教英语的。
   问题：她是来做什么的？
   B. 来教书的

8. 妈妈是上个星期去旅游的，昨天回来的。
   问题：妈妈是什么时候去旅游的？
   A. 上星期

9. 他是开车过来的，我是坐出租车过来的。
   问题：我是怎么过来的？
   B. 坐车过来的

10. 电视是爸爸和妈妈一起买的，电脑是姐姐一个人买的。
    问题：电视是谁买的？
    B. 爸爸妈妈买的

练习 연습문제

1.
① 你是怎么来的？ — 我是坐船来的。
② 你是从哪儿来的？ — 我是上个月来的。
③ 你是来干什么的？ — 我是从北京来的。
④ 你是什么时候来的？ — 我是来买衣服的。
⑤ 你是和谁一起来的？ — 我是和妈妈一起来的

2.
① 他是来教英语的。 → **他不是来教英语的。**
② 他和奶奶一起去的。
   → **他不是和奶奶一起去的。**
③ 他是七点半到首尔的。
   → **他不是七点半到首尔的。**
④ 他是坐飞机去上海的。
   → **他不是坐飞机去上海的。**

3.
西西是前年六月从上海坐飞机来韩国的。她是我们学校的汉语老师，她是来教汉语的。

① 西西在哪儿工作？ **她在我们学校工作。**
② 她是从哪儿来的？ **她是从上海来的。**
③ 她是来旅游的吗？ **不是，她是来教汉语的。**
④ 她现在是公司职员吗？
   她现在不是公司职员，是老师。
⑤ 她是什么时候来韩国的？
   她是前年六月来韩国的。

第九课 离这儿远吗？ 여기에서 멉니까?

看图学习1 그림학습 1

1. 北大离这儿远吗？ **不，北大离这儿很近。**
2. 这儿离哪儿非常远？ **这儿离长城非常远。**
3. 这儿离颐和园远吗？ **这儿离颐和园不太远。**
4. 首都机场离这儿远不远？
   首都机场离这儿有点儿远。
5. 从北大到颐和园远不远？
   从北大到颐和园不远。

답안

看图学习2 그림학습 2

1. 慢点儿开车好不好?
   慢点儿开车比快点儿开车好。
2. 你今天早点儿起床了吗?
   我今天晚点儿起床。
3. 你昨天晚点儿睡觉了吗?
   我每天都晚点儿睡觉。
4. 你今天要早点儿回家吗?
   我今天要早点儿回家。
5. 你想不想快点儿去中国?
   我很想快点儿去中国。

听力 듣기훈련

第一部分

1. B. 起床 [qǐ chuáng]
2. C. 回家 [huí jiā]
3. B. 说话 [shuō huà]
4. A. 晚点儿 [wǎn diǎnr]
5. C. 慢点儿 [màn diǎnr]

第二部分

1. 我家离首尔大学很近,朋友家离首尔大学很远。
   问题: 谁家离首尔大学近?
   A. 我家
2. 颐和园离北京大学很近,离长城很远。
   问题: 颐和园离哪儿远?
   B. 离长城远
3. 公司离我家远,我要早点儿起床去上班。
   问题: 公司在我家附近吗?
   B. 不在我家附近
4. 已经十二点了!我要快点儿睡觉,明天早点儿起床!
   问题: 我要快点儿干什么?
   A. 睡觉
5. 长城离市中心太远,大家都不想去。
   问题: 为什么大家不想去长城?
   A. 太远
6. 今天我要早点儿回家,和奶奶一起去医院。
   问题: 我今天为什么要早点儿回家?
   B. 要去医院
7. 从学校到书店有点儿远,从学校到网吧很近。
   问题: 学校离哪儿很近?
   B. 离网吧很近
8. 老板说今天的工作太多,大家要晚点儿下班。
   问题: 老板说了什么?
   A. 今天晚点儿下班
9. 在家上网很慢,在网吧上网很快。
   问题: 在哪儿上网快?
   B. 在网吧上网
10. 公司离我家有点儿远,离机场非常远。
    问题: 从公司到机场远不远?
    A. 非常远

练习 연습문제

1.
① 你是 <u>从</u> 哪儿来的?
② 你家 <u>离</u> 学校远吗?
③ 晚上你要 <u>到</u> 哪儿去?
④ 你们公司 <u>离</u> 这儿远吗?
⑤ <u>从</u> 韩国 <u>到</u> 美国怎么去?

2.
① 奶奶,您 <u>慢点儿</u> 走。
   할머니, 천천히 가세요.
② 我们今天 <u>早点儿</u> 出去吧。
   우리 오늘 좀 일찍 나갑시다.
③ 明天是周末,我要 <u>晚点儿</u> 起床。
   내일은 주말이니 늦게 일어나려합니다.
④ 十二点了, <u>快点儿</u> 睡觉吧。
   12시가 되었으니, 어서 잠을 잡시다.

3.
① 우리 빨리 일하고, 일찍 퇴근합시다.
   我们快点儿工作,早点儿下班吧。
② 우리 집은 병원에서 가깝지 않고, 아주 멉니다.
   我家离医院不近,非常远。

第十课 会不会说汉语? 중국어 할 줄 압니까?

看图学习1 그림학습 1

1. 一个月有多少天? 一个月有三十一天。
2. 一个星期有几天? 一个星期有七天。

3. 一年有多少个月？ 一年有十二个月。
4. 一个月有几个星期？ 一个月有四个星期。
5. 两个小时是多少分钟？
   两个小时是一百二十分钟。

看图学习2 그림학습 2

1. 王虹会游泳吗？ 王虹会游泳。
2. 弟弟会不会喝酒。 弟弟会喝酒。
3. 弟弟能喝几瓶酒？ 弟弟能喝两瓶。
4. 妹妹为什么不能写字？
   妹妹现在没有笔，不能写字。
5. 春美现在能不能上网？
   春美现在没有电脑，不能上网。

听力 듣기훈련
第一部分
1. A. 汉语 [Hànyǔ]
2. B. 时间 [shíjiān]
3. B. 游泳 [yóu yǒng]
4. C. 写字 [xiě zì]
5. A. 不能 [bù néng]

第二部分
1. 哥哥姐姐都会游泳，弟弟妹妹不会。
   问题：弟弟会游泳吗？
   B. 不会游泳
2. 他是韩国人，他会做韩国菜也会做中国菜。
   问题：他会不会做中国菜？
   A. 会做
3. 爸爸今天吃药了，不能喝酒。
   问题：爸爸能喝酒吗？
   A. 不能喝
4. 一年有十二个月，六月有点儿热，七月很热，八月非常热。
   问题：几月最热？
   B. 八月
5. 妹妹现在在书店，她没有钱，不能买书。
   问题：妹妹为什么不能买书？
   A. 没有钱
6. 奶奶家没有电脑，不能上网。我们家有电脑，能上网。
   问题：哪儿不能上网？
   A. 奶奶家
7. 他会说汉语，他学了六个月。
   问题：他学汉语学了多长时间？
   B. 学了半年
8. 妈妈现在做菜，不能教弟弟写字。
   问题：妈妈现在不能做什么？
   B. 不能教弟弟写字
9. 从首尔到北京坐飞机要两个小时，从首尔到上海要三个小时。
   问题：首尔离哪儿近？
   A. 北京
10. 爸爸早上九点上班，晚上七点下班。
    问题：爸爸一天工作几个小时？
    A. 十个小时

练习 연습문제
1.
① 4주 — B. 四个星期
② 1시간 30분 — B. 一个半小时
③ 2개월 — C. 两个月
④ 3일 — B. 三天
⑤ 몇 년 — A. 几年

2.
① 我学汉语学了 三年 。
   저는 중국어를 3년 배웠습니다.
② 爸爸在中国住了 两个星期 。
   아버지는 중국에서 2주 머물렀습니다.
③ 今天下午我睡了 五个小时 。
   오늘 오후에 저는 5시간 잤습니다.
④ 从公园到我家要走 三十分钟 。
   공원에서 우리 집까지는 30분을 걸어야 합니다.
⑤ 我在这儿工作已经 八个月 了。
   제가 여기에서 일 한지도 벌써 8개월이 되었습니다.

3.
① 你 会 骑自行车吗？ 당신은 자전거를 탈 줄 압니까？
② 明天你 能 上班吗？ 내일 출근할 수 있습니까？
③ 你弟弟 会 游泳吗？
   당신의 남동생은 수영을 할 줄 압니까？
④ 你 会 坐公共汽车去吗？
   당신은 버스 타고 갈 줄 압니까？

답안

⑤ 我不 <u>会</u> 说汉语，不 <u>能</u> 看中国电影。
저는 중국어를 못해서, 중국 영화를 볼 수 없습니다.

第十一课 要什么颜色的? 어떤 색깔을 원합니까?

看图学习1 그림학습 1

1. 手机在几楼? 手机在二楼。
2. 四楼有没有电视? 四楼有电视。
3. 袜子在不在二楼? 袜子不在二楼，在一楼。
4. 他们在五楼干什么? 他们在五楼唱歌儿。
5. 电脑在二楼还是三楼? 电脑在三楼。

看图学习2 그림학습 2

1. 你的手机是白的还是黑的?
   我的手机是黑的。
2. 你爱喝冰咖啡还是热咖啡? 我爱喝冰咖啡。
3. 这星期天你在家还是出去?
   这星期天我在家。
4. 你住几楼? 一楼还是二楼? 我住二楼。
5. 你早上吃米饭还是吃面包? 我不吃早饭。

听力 듣기훈련

第一部分

1. C. 颜色 [yánsè]
2. B. 漂亮 [piàoliang]
3. A. 几楼 [jǐ lóu]
4. A. 蓝色 [lán sè]
5. C. 唱歌儿 [chàng gēr]

第二部分

1. 姐姐买了一双白色的运动鞋，哥哥买了一双黑色的运动鞋。
   问题: 哥哥买了什么颜色的运动鞋?
   A. 黑色的
2. 我家在五楼，我朋友家在七楼，我同事家在二楼。
   问题: 我现在住几楼?
   B. 五楼
3. 哥哥星期六去游泳，星期天要去看电影。
   问题: 哥哥星期六游泳还是星期天游泳?
   A. 星期六
4. 红色的帽子一百八十块，蓝色的帽子一百三十块。
   问题: 什么颜色的帽子贵?
   A. 红色帽子
5. 买书要去二楼，买衣服要去四楼，买手机要去六楼。
   问题: 衣服在二楼还是四楼?
   B. 四楼
6. 妈妈今天买的衣服很漂亮，皮鞋不漂亮。
   问题: 妈妈买的衣服漂不漂亮?
   A. 很漂亮
7. 我的笔记本电脑是白的，哥哥的是黑的，弟弟的是蓝的。
   问题: 我有什么颜色的笔记本电脑?
   B. 白色的
8. 姐姐买了三件衣服，有红的、绿的和黄的。
   问题: 姐姐买没买蓝色的衣服?
   B. 没买蓝的
9. 我点了一个比萨，妹妹点了一个汉堡。
   问题: 汉堡是我的还是妹妹的?
   B. 是妹妹的
10. 爸爸爱喝冰咖啡，妈妈爱喝热咖啡。
    问题: 爸爸爱喝冰的还是热的?
    A. 冰的

练习 연습문제

1.
① 海水 — C. 蓝色
② 香蕉、梨 — C. 黄色
③ 草莓、苹果 — C. 红色
④ 米饭、牛奶 — A. 白色
⑤ 可乐、咖啡 — A. 黑色

2.
① 是 / 老师 / 医生 → 你是老师还是医生?
② 喝 / 可乐 / 咖啡 → 你喝可乐还是咖啡?
③ 穿 / 皮鞋 / 运动鞋
   → 你穿皮鞋还是运动鞋?
④ 看 / 汉语书 / 英语书
   → 你看汉语书还是英语书?

3.

小李: 我喝可乐，你呢？
小王: 我不想喝可乐。
小李: 你想喝什么？
小王: 我要咖啡。
小李: 你喝热咖啡还是冰咖啡？
小王: 我喝冰咖啡。

① 小王点了什么？ 他们现在在咖啡厅。
② 小李要喝什么？ 小王点了冰咖啡。
③ 他们现在在哪儿？ 小李要喝可乐。

第十二课 去过台湾吗？ 타이완에 간 적이 있습니까?

看图学习1 그림학습 1

1. 王虹住过哪儿？ 她住过酒店。
2. 大卫学没学过汉语？ 他学过汉语。
3. 妹妹去过电影院吗？ 去过，她去过两次。
4. 哥哥来过几次上海？ 他来过很多次上海。
5. 哥哥不常来上海，是不是？
   不是，他常来上海。

看图学习2 그림학습 2

1. 姐姐在干什么？ 她在买东西。
2. 这东西贵不贵？ 这东西很贵。
3. 弟弟常看电影吗？ 他不常看电影。
4. 这东西为什么贵？ 因为东西好。
5. 弟弟每天学汉语吗？ 他每天学汉语。

听力 듣기훈련

第一部分

1. C. 两次 [liǎng cì]
2. C. 台湾 [Táiwān]
3. B. 因为 [yīnwèi]
4. B. 每天 [měi tiān]
5. A. 很多次 [hěn duō cì]

第二部分

1. 爸爸去过一次台湾，去过两次香港。
   问题：爸爸去过几次香港？
   B. 去过两次
2. 姐姐一年三百六十五天都吃早饭。
   问题：姐姐每天吃早饭吗？
   A. 每天吃早饭
3. 他很喜欢旅游，去年去过上海，今年要去澳门。
   问题：他今年去没去过澳门？
   B. 还没去过
4. 她在香港工作，每个月回家一次。
   问题：她回家几次？
   A. 一个月一次
5. 妹妹喜欢吃四川菜，因为四川菜很辣很好吃。
   问题：妹妹为什么喜欢吃四川菜？
   A. 四川菜很辣
6. 爷爷奶奶不常出去看电影，他们常在家看电视。
   问题：爷爷奶奶常看电影还是常看电视？
   B. 常看电视
7. 很多中国人都喜欢买韩国的衣服，因为韩国的衣服很漂亮也不贵。
   问题：中国人为什么喜欢买韩国的衣服？
   A. 很漂亮也不贵
8. 姐姐平日六点半起床，周末九点起床。
   问题：她什么时候晚点儿起床？
   B. 周末
9. 她今年不想去日本，因为她去过三次。
   问题：她为什么不想去日本？
   B. 已经去过
10. 妹妹没学过游泳，她不会。弟弟学过，他能游很远。
    问题：弟弟学没学过游泳？
    A. 学过

练习 연습문제

1.

① 做菜 / 一次 → 我做过一次菜。
② 看电影 / 两次 → 我看过两次电影。
③ 去中国 / 几次 → 我去过几次中国。
④ 打电话 / 很多次 → 我打过很多次电话。

2.

① 妈妈今天做 了 韩国菜。
   어머니는 오늘 한국 요리를 했습니다.

② 他在这学校教 过 英语。
그는 이 학교에서 영어를 가르친 적이 있습니다.

③ 我一次也没听 过 中国歌儿。
저는 한 번도 중국 노래를 들어 본 적이 없습니다.

④ 昨天我们一起看 了 美国电影。
어제 우리는 함께 미국 영화를 보았습니다.

⑤ 我吃 了 面包，喝 了 牛奶。
저는 빵을 먹고, 우유를 마셨습니다.

3.

> 小王是四川人，他一个人在北京工作。他不常回家，也不能常回家，因为他每天要上班。

① 小王在北京做什么？　　C. 上班工作
② 小王为什么不常回家？　B. 因为他每天工作

第十三课 花了多少钱？ 얼마 썼습니까？

看图学习1 그림학습 1

1. 有没有啤酒？　没有啤酒。
2. 有几瓶矿泉水？　有一瓶矿泉水。
3. 一件衣服和什么？　一件衣服和一双袜子。
4. 书旁边儿有什么？　书旁边儿有一张地图。
5. 可乐有一瓶还是一听？　这儿有一听可乐。

看图学习2 그림학습 2

1. 谁花的钱多？　哥哥花的钱多。
2. 妈妈去超市花了多少钱？
   妈妈去超市花了二十二元。
3. 哥哥去哪儿花了九十五元？
   哥哥去酒吧花了九十五元。
4. 弟弟有多少钱？花了多少钱？
   弟弟有一百元。他花了四十元。
5. 妹妹花了四十元吗？现在有没有钱？
   妹妹花了五十元。现在没有钱。

听力 듣기훈련

第一部分

1. B. 便宜 [piányi]
2. B. 商场 [shāngchǎng]
3. C. 花钱 [huā qián]

4. B. 地图 [dìtú]
5. A. 矿泉水 [kuàngquánshuǐ]

第二部分

1. 妈妈去百货商场买了化妆品和好吃的东西。
   问题：妈妈都买了什么？
   B. 化妆品和吃的东西

2. 今天的水果真便宜，香蕉三块五一斤，橘子两块钱一斤。
   问题：橘子和香蕉哪个便宜？
   A. 橘子

3. 爸爸给了他五百块钱，他去酒吧都花了。
   问题：他去酒吧花了多少钱？
   B. 五百块钱

4. 一本书五十二块钱，一张地图三块钱。
   问题：买三张地图一共多少钱？
   B. 一共九块钱

5. 矿泉水一瓶一块五，牛奶一盒两块五。
   问题：买一瓶矿泉水和一盒牛奶一共多少钱？
   A. 一共四元

6. 我坐地铁回家要四块钱，坐公共汽车回家要两块钱。
   问题：我坐什么车回家便宜？
   B. 坐公共汽车

7. 哥哥现在有七千九百块钱，弟弟有一万五千块钱。
   问题：弟弟的钱多还是哥哥的钱多？
   A. 弟弟的钱

8. 弟弟去网吧花了三十块钱，妹妹去网吧花了二十块钱。
   问题：谁花的钱多？
   B. 弟弟

9. 昨天他们三个人去看电影，一共花了一百二十块钱。
   问题：看电影一个人多少钱？
   A. 四十块钱

10. 我们点了两杯咖啡，一共五十块钱。他们点了两杯果汁儿，一共四十块钱。
    问题：咖啡和果汁儿哪个便宜？
    B. 果汁儿

练习 연습문제

1.

① 2202　　C. 两千二百零二
② 3542　　B. 三千五百四十二
③ 68417　 C. 六万八千四百一十七

2.
① 당신은 오늘 모두 얼마나 썼습니까?
　你今天一共花了多少钱？
② 당신은 옷을 삽니까 아니면 양말을 삽니까?
　你买衣服还是买袜子？

3.

矿泉水	电影票	化妆品	衣服
5元	50元	100元	400元

今天上午我和妈妈去百货商场，妈妈买了一件衣服，花了 400 元。我看化妆品很便宜，一个100元。我买了三个，花了 300 元。下午，我们去电影院买了两张电影票和两瓶矿泉水，花了 110 元。今天我和妈妈一共花了 810 元。

第十四课　你喜欢哪个季节？ 어느 계절을 좋아합니까?

看图学习1 그림학습 1

1. 什么时候凉快？　秋天凉快。
2. 夏天去干什么？　夏天去游泳。
3. 春天天气怎么样？　春天天气暖和。
4. 什么时候去看花儿？　春天去看花。
5. 冬天很冷，常去干什么？　冬天常去滑雪。

看图学习2 그림학습 2

1. 爸爸多高？　爸爸一米七。
2. 妹妹比姐姐高吗？　妹妹没有姐姐高。
3. 谁最高？谁最矮？　哥哥最高，妹妹最矮。
4. 上海更热还是香港更热？　香港更热。
5. 哈尔滨和北京哪儿更冷？　哈尔滨更冷。

听力 듣기훈련

第一部分

1. C. 暖和 [nuǎnhuo]
2. B. 秋天 [qiūtiān]
3. A. 季节 [jìjié]
4. B. 滑雪 [huá xuě]
5. A. 爬山 [pá shān]

第二部分

1. 爸爸喜欢冬天不喜欢夏天，妈妈喜欢夏天不喜欢冬天。
　问题：爸爸不喜欢哪个季节？
　A. 夏天
2. 香港比上海热，上海比北京热。
　问题：哪儿最热？
　B. 香港
3. 弟弟夏天喜欢游泳，冬天喜欢滑雪。
　问题：冬天弟弟喜欢做什么运动？
　A. 滑雪
4. 哥哥比爸爸高，弟弟比哥哥高。
　问题：谁最矮？
　A. 爸爸
5. 冬天我喜欢看雪，夏天我喜欢看海。
　问题：冬天我喜欢干什么？
　B. 看雪
6. 昨天很热，今天没有昨天热。
　问题：昨天更热还是今天更热？
　B. 昨天
7. 今年的冬天早上和晚上都很冷，中午暖和一点儿。
　问题：今年冬天的中午怎么样？
　A. 暖和
8. 姐姐做菜没有妈妈好吃，妈妈做菜没有奶奶好吃。
　问题：谁做的菜最好吃？
　B. 奶奶
9. 姐姐一米六，妹妹一米六二，弟弟一米七八。
　问题：妹妹多高？
　B. 一米六二
10. 儿子喜欢秋天和冬天，女儿喜欢春天和夏天。
　问题：谁喜欢秋天？
　A. 儿子

练习 연습문제

1.
① 你为什么不买？　　　A. 因为太贵
② 你喜欢哪个季节？　　B. 我喜欢夏天
③ 你看，这件衣服怎么样？　A. 颜色好看

부록　187

답안

2.
① 中国比日本大。 → 日本没有中国大。
② 西瓜比葡萄甜。 → 葡萄没有西瓜甜。
③ 台湾没有韩国冷。 → 韩国比台湾冷。
④ 春天没有夏天热。 → 夏天比春天热。

3.
① 韩国人冬天常去 滑雪 。
② 今年的冬天比去年 暖和 。
③ 下个月我们一起去旅游 怎么样 ?
④ 一年有十二个月, 一年有四个 季节 。

第十五课 带雨伞了吗? 우산 가져왔습니까?

看图学习1 그림학습 1

1. 电视开没开? 电视没开。
2. 空调开着还是关着? 空调开着。
3. 弟弟在干什么? 弟弟在唱歌儿。
4. 妈妈喝着果汁儿吗? 妈妈在打电话呢。
5. 吃着汉堡的人是谁? 吃着汉堡的人是哥哥。

看图学习2 그림학습 2

1. 弟弟在干什么? 弟弟在休息。
2. 哥哥怎么看报? 哥哥站着看报。
3. 姐姐坐着干什么? 姐姐坐着看电视。
4. 妹妹走着干什么? 妹妹走着吃东西。
5. 弟弟躺着休息还是坐着休息?
   弟弟躺着休息。

听力 듣기훈련

第一部分

1. B. 刮风 [guā fēng]
2. B. 天气 [tiānqì]
3. A. 空调 [kōngtiáo]
4. C. 下雨 [xià yǔ]
5. A. 躺着 [tǎngzhe]

第二部分

1. 外边儿下着大雨, 我带了雨伞, 老板没带。
   问题: 老板没带什么?
   A. 雨伞
2. 弟弟躺着看书, 妹妹坐着看书, 我站着看书。
   问题: 现在谁坐着?
   A. 妹妹
3. 我的手机白天开着, 晚上关着。
   问题: 我的手机什么时候关着?
   B. 晚上
4. 妹妹常走着吃东西, 我最不喜欢走着吃东西。
   问题: 妹妹常怎么吃东西?
   A. 走着吃东西
5. 外边儿下着雨刮着风, 我没带雨伞, 要晚点儿下班。
   问题: 现在天气怎么样?
   A. 刮风下雨
6. 妻子没带钱, 不能买东西。丈夫带了很多钱, 能买很多东西。
   问题: 丈夫带没带钱?
   A. 带钱
7. 下班回家我常躺着看书, 哥哥常坐着上网。
   问题: 哥哥下班回家常做什么?
   B. 上网
8. 公司里的空调开着, 电脑也开着, 门窗都关着。
   问题: 公司里现在什么关着?
   A. 门和窗
9. 他今天没带手机, 不能和朋友打电话了。
   问题: 他为什么不能打电话?
   A. 没带手机
10. 上星期没下雨, 这星期已经下了三天。
    问题: 这星期下没下雨?
    A. 下雨了

练习 연습문제

1.
① 午饭已经吃 了 。
② 弟弟躺 着 看书呢。
③ 他开 着 空调睡觉。
④ 你去没去 过 美国?
⑤ 我去图书馆看书 了 。
⑥ 我还没听 过 中国歌儿呢。

2.
① 저는 앉아서 전화를 걸고 있습니다.
我坐着打电话。
② 텔레비전은 켜져 있고, 에어컨은 꺼져 있습니다.
电视开着， 空调关着。
③ 밖에는 비가 오고 바람이 불고 있습니다.
外边儿下着雨刮着风。

3.
① 서울 날씨는 어떻습니까?
首尔的天气怎么样？
② 노트북을 가져왔습니까 안 가져왔습니까?
你带没带笔记本电脑？

第十六课 喝得多不多？ 많이 마셨습니까?

看图学习1 그림학습 1

1. 姐姐会不会滑雪？
   姐姐会滑雪，滑雪滑得很好。
2. 妹妹跑得快还是慢？　妹妹跑步跑得很快。
3. 哥哥开车开得怎么样？　哥哥开车开得很快。
4. 妹妹和同学谁跑得慢？　妹妹的同学跑得慢。
5. 爸爸唱得不好还是跳得不好？
   爸爸跳舞跳得不好。

看图学习2 그림학습 2

1. 他现在冷不冷？　他一点儿也不冷。
2. 他穿得多不多？　他穿得不多。
3. 他工作很忙吗？　他工作一点儿也不忙。
4. 他跑得累不累？　他一点儿也不累。
5. 几个人不漂亮？　一个人不漂亮。

听力 듣기훈련

第一部分

1. B. 跑步 [pǎo bù]
2. A. 不饿 [bú è]
3. A. 跳舞 [tiào wǔ]
4. A. 不忙 [bù máng]
5. B. 睡得好 [shuì de hǎo]

第二部分

1. 哥哥吃饭吃得多，姐姐吃菜吃得多。
   问题：姐姐吃什么吃得多？
   B. 吃菜
2. 他写汉字写得漂亮，说汉语说得不太好。
   问题：他写得好还是说得好？
   A. 汉字写得好
3. 我们的英语老师唱歌儿唱得好，跳舞跳得也很好。
   问题：老师跳舞跳得怎么样？
   A. 跳得很好
4. 今年冬天一点儿也不冷，比去年暖和多了。
   问题：今年冬天冷不冷？
   B. 一点儿也不冷
5. 我们的老板开车开得太快，大家都不想坐他的车。
   问题：为什么大家不坐老板的车？
   B. 他开车开得快
6. 哥哥骑自行车回来有点儿累，姐姐开车回来一点儿也不累。
   问题：哥哥为什么累？
   A. 他骑车回来
7. 老师教书教得不好，学生们一点儿也不想学习。
   问题：为什么学生们不想学习？
   A. 老师教书教得不好
8. 爸爸的朋友今天要过来吃饭，妈妈一个人在厨房做菜非常忙。
   问题：妈妈忙什么？
   A. 她一个人做菜
9. 弟弟滑雪滑得好，哥哥游泳游得好，妹妹跳舞跳得好。
   问题：谁滑雪滑得好？
   B. 弟弟滑得好
10. 爸爸昨天出差回来，非常累。今天在家休息，一点儿也不累了。
    问题：爸爸今天累不累？
    B. 一点儿也不累

답안

练习 연습문제

1.
① 你工作忙不忙? — 我一点儿也不忙。
② 今天天气怎么样? — 一点儿也不冷。
③ 你要吃点儿什么? — 我一点儿也不饿。
④ 她跳舞跳得怎么样? — 跳得很好。

2.
① 他教书很好。 → 他教书教得很好。
② 他做菜好吃。 → 他做菜做得很好吃。
③ 他写字漂亮。 → 他写字写得很漂亮。
④ 他游泳很远。 → 他游泳游得很远。
⑤ 他唱歌儿好听。 → 他唱歌儿唱得很好听。
⑥ 今天下雨很大。 → 今天雨下得很大。

3.

> 王虹昨天和几个朋友一起吃饭、喝酒、唱歌儿、跳舞。今天早上,她累得什么都不能做,在家睡了一天。

① 王虹昨天干什么了?
王虹昨天和几个朋友一起吃饭、喝酒、唱歌儿、跳舞。

② 今天早上王虹怎么样?
今天早上王虹累得什么都不能做。

③ 王虹今天在家干什么了?
王虹今天在家睡了一天。

④ 王虹昨天一个人吃饭了吗?
王虹昨天和几个朋友一起吃饭了。

어휘 색인

A

矮	ǎi	낮다, 작다	14과
爱	ài	즐기다, 좋아하다	6과
澳门	Àomén	(地) 마카오	12과

B

白	bái	희다, 하얗다	11과
白色	bái sè	흰색	11과
百	bǎi	100, 백	13과
百货商场	bǎihuò shāngchǎng	백화점	13과
饱	bǎo	배부르다	16과
报	bào	신문	15과
北边儿	běibianr	북쪽	3과
北京	Běijīng	(地) 베이징	3과
北京大学	Běijīng Dàxué	베이징 대학교	9과
比	bǐ	…보다, …에 비하여	14과
笔记本电脑	bǐjìběn diànnǎo	노트북	11과
比萨	bǐsà	피자	6과
冰	bīng	아이스, 얼음을 넣은	11과
病人	bìngrén	환자	15과
不太	bú tài	그다지	6과

C

餐厅	cāntīng	식당	2과
层	céng	층	11과
常	cháng	자주, 종종	12과
常常	chángcháng	종종, 언제나	12과
长城	Chángchéng	창청, 만리장성	3과
唱	chàng	노래하다, (노래를) 부르다	2, 11과
超市	chāoshì	슈퍼마켓	1과
车站	chēzhàn	정거장	1과
橙色	chéng sè	주황색, 오렌지색	11과
出差	chūchāi	출장	8과

부록 **191**

어휘 색인

厨房	chúfáng	부엌, 주방	4과
春天	chūntiān	봄	14과
次	cì	번, 회	12과
从…到…	cóng…dào…	…부터 …까지	7과

D

打电话	dǎ diànhuà	전화를 걸다	4과
大家庭	dàjiātíng	대가족	1과
带	dài	지니다, 휴대하다	15과
淡	dàn	싱겁다	6과
的	de	확인·긍정의 어기조사	9과
得	de	보어격 구조조사	16과
等	děng	기다리다	16과
地图	dìtú	지도	13과
点	diǎn	주문하다	6과
电影	diànyǐng	영화	6과
电影院	diànyǐngyuàn	영화관	12과
东北边儿	dōngběibianr	동북쪽, 북동쪽	3과
东边儿	dōngbianr	동쪽	3과
东京	Dōngjīng	(地) 도쿄	8과
东南边儿	dōngnánbianr	동남쪽, 남동쪽	3과
东四医院	Dōngsì Yīyuàn	동쓰병원	3과
冬天	dōngtiān	겨울	14과
东西	dōngxi	물건	5과
逗号	dòuhào	문장기호 ', '	1과
对面	duìmiàn	맞은편	1과
顿号	dùnhào	문장기호 '、'	1과
多长时间	duōcháng shíjiān	얼마 (시간)	10과

E

| 饿 | è | 배고프다 | 5과 |
| 儿子 | érzi | 아들 | 1과 |

F

饭	fàn	밥, 식사	2과
非常	fēicháng	대단히, 매우	6과
分钟	fēnzhōng	분	10과
附近	fùjìn	부근, 근처	1과

G

干	gàn	…하다	4과
高	gāo	높다, 크다	14과
高兴	gāoxìng	기뻐하다, 즐거워하다	6과
歌厅	gētīng	노래방	2과
给	gěi	…에게 주다	13과
更	gèng	더욱, 한층 더	6, 14과
公园	gōngyuán	공원	1과
工作	gōngzuò	일, 직업	2과
故宫	Gùgōng	구궁	3과
刮风	guā fēng	바람이 불다	15과
关	guān	닫다, 끄다	15과
过	guo	…한 적이 있다	12과

H

哈尔滨	Hā'ěrbīn	(地) 하얼빈	14과
还	hái	아직, 아직도	10과
还	hái	더, 더욱	14과
还没	hái méi	아직 …하지 않다	5과
还是	háishi	또는, 아니면	11과
海水	hǎishuǐ	바닷물, 해수	6과
汉字	Hànzì	한자	16과
盒	hé	통, 갑 (상자를 세는 단위)	13과
和…一起	hé…yìqǐ	…와(과) 함께	7과
黑色	hēi sè	검은색	11과
红	hóng	붉다, 빨갛다	11과
红色	hóng sè	빨간색	11과

어휘 색인

后	hòu	뒤	1과
后边儿	hòubianr	뒤쪽	1과
后面	hòumian	뒤쪽	1과
花	huā	소비하다, 쓰다	13과
花	huā	알록달록하다, 화려하다	13과
花儿	huār	꽃	13, 14과
滑雪	huá xuě	스키를 타다	14과
化妆品	huàzhuāngpǐn	화장품	13과
黄色	huáng sè	노란색	11과
会	huì	…할 수 있다, …할 줄 알다	10과
火车	huǒchē	기차	8과
火车站	huǒchēzhàn	기차역	3과

J

季节	jìjié	계절	14과
家人	jiārén	가족	7과
家庭主妇	jiātíng zhǔfù	가정 주부	2과
见	jiàn	보다, 만나다	9과
件	jiàn	벌 (옷을 세는 단위)	13과
教	jiāo	가르치다, 수업하다	2과
近	jìn	가깝다	9과
经常	jīngcháng	늘, 항상	12과
酒	jiǔ	술	10과
酒吧	jiǔbā	술집, 바(bar)	13과
酒店	jiǔdiàn	호텔	12과

K

咖啡厅	kāfēitīng	카페	2과
开	kāi	열다, 켜다	15과
可是	kěshì	그러나, 그런데	14과
口	kǒu	식구	1과
苦	kǔ	쓰다	6과

| 快 | kuài | 빠르다 | 9과 |
| 矿泉水 | kuàngquánshuǐ | 광천수, 생수 | 13과 |

L

辣	là	맵다	6과
来	lái	오다	8과
蓝色	lán sè	남색	11과
了	le	…했다 / 변화의 어기조사	5과
累	lèi	피곤하다, 지치다	16과
冷	lěng	춥다, 차다	14과
离	lí	…에서, …(으)로부터	9과
里	lǐ	안	1과
里面	lǐmian	안쪽	1과
凉快	liángkuai	서늘하다, 시원하다	14과
辆	liàng	대 (차량을 세는 단위)	13과
楼	lóu	층, 건물	11과
旅游	lǚyóu	여행, 여행하다	7과
绿色	lǜ sè	녹색	11과

M

买卖	mǎimai	장사, 매매	2과
慢	màn	느리다	9과
忙	máng	바쁘다	16과
每	měi	매, …마다	12과
门	mén	문	1과
门窗	ménchuāng	문과 창문	15과
米	mǐ	미터, m	14과
名字	míngzi	이름	15과

N

南边儿	nánbianr	남쪽	3과
男朋友	nánpéngyou	남자 친구	12과
能	néng	…할 수 있다	10과

어휘 색인

年	nián	년, 해	10과
纽约	Niǔyuē	(地) 뉴욕	8과
暖和	nuǎnhuo	따뜻하다	14과
女儿	nǚ'ér	딸	1과
女朋友	nǚpéngyou	여자 친구	5과

P

爬山	pá shān	등산하다	14과
便宜	piányi	싸다	13과
漂亮	piàoliang	아름답다, 예쁘다	11과
瓶	píng	병	10과

Q

妻子	qīzi	아내	1과
千	qiān	1000, 천	13과
前	qián	앞	1과
前门	Qiánmén	치엔먼	1과
前面	qiánmian	앞쪽	1과
晴	qíng	맑다	15과
请	qǐng	상대방에게 어떤 일을 부탁하거나 권함	16과
请问	qǐngwèn	말씀 좀 묻겠습니다	11과
秋天	qiūtiān	가을	14과
去年	qùnián	작년	7과

R

人生	rénshēng	인생	6과

S

散步	sàn bù	산책하다	2과
上	shàng	위	1과
上(个)星期	shàng (ge) xīngqī	지난주	8과
上海	Shànghǎi	(地) 상하이	7과
上面	shàngmian	위쪽	1과

上网	shàng wǎng	인터넷하다	4과
生意	shēngyi	장사, 영업	2과
时间	shíjiān	시간	13과
市	shì	시 (행정구역 단위)	3과
首都	shǒudū	수도	9과
首都国际机场	Shǒudū Guójì Jīchǎng	수도 국제 공항	3과
首尔	Shǒu'ěr	(地) 서울	8과
书店	shūdiàn	서점	1과
双	shuāng	쌍, 켤레 (신발·양말을 세는 단위)	13과
睡	shuì	(잠을) 자다	16과
说	shuō	말하다	5과
说话	shuō huà	말하다, 이야기하다	4과
司机	sījī	기사, 운전사	2과
四川	Sìchuān	(地) 쓰촨	6과
酸	suān	시다	6과

T

台	tái	대 (기계를 세는 단위)	13과
台湾	Táiwān	(地) 타이완	12과
太	tài	너무	6과
躺	tǎng	눕다	15과
天	tiān	일	10과
天安门	Tiān'ānmén	티엔안먼	3과
天气	tiānqì	날씨	15과
天坛	Tiāntán	티엔탄	3과
甜	tián	달다	6과
跳舞	tiào wǔ	춤을 추다	16과
图书馆	túshūguǎn	도서관	4과

W

| 外 | wài | 밖 | 1과 |
| 外边儿 | wàibianr | 밖, 바깥쪽 | 15과 |

어휘 색인

外面	wàimian	바깥쪽	1과
碗	wǎn	그릇	5과
晚	wǎn	늦다	9과
晚饭	wǎnfàn	저녁 식사	4과
万	wàn	10000, 만	13과
网吧	wǎngbā	PC방	4과
玩儿	wánr	놀다	3과
为什么	wèishénme	왜, 어째서	5과

X

西北边儿	xīběibianr	서북쪽, 북서쪽	3과
西边儿	xībianr	서쪽	3과
西南边儿	xīnánbianr	서남쪽, 남서쪽	3과
喜欢	xǐhuan	좋아하다	6과
下	xià	아래	1과
下面	xiàmian	아래쪽	1과
下雪	xià xuě	눈이 내리다	15과
下雨	xià yǔ	비가 내리다	5, 15과
夏天	xiàtiān	여름	14과
咸	xián	짜다	6과
香港	Xiānggǎng	(地) 홍콩	3, 12과
想	xiǎng	…하고 싶다	5과
想	xiǎng	그리워하다, 생각하다	14과
小	xiǎo	작다	11과
小明	Xiǎo Míng	(名) 샤오밍	16과
小时	xiǎoshí	시간	10과
写	xiě	쓰다	10과
兄弟姐妹	xiōngdì jiěmèi	형제자매	1과
休息	xiūxi	쉬다, 휴식	5과
学生	xuésheng	학생	2과
学习	xuéxí	배우다, 공부하다	2과

Y

颜色	yánsè	색	11과
要	yào	…하려 하다	3과
药	yào	약	6과
药店	yàodiàn	약국	1과
一个人	yí ge rén	혼자	7과
颐和园	Yíhéyuán	이허위안	3과
一块儿	yíkuàr	함께, 같이	7과
一下	yíxià	잠깐	16과
已经	yǐjīng	이미, 벌써	5과
一起	yìqǐ	함께, 같이	7과
阴	yīn	흐리다	15과
因为	yīnwèi	…때문에	12과
音乐	yīnyuè	음악	4과
银行	yínháng	은행	1과
英国	Yīngguó	(地) 영국	12과
游泳	yóu yǒng	수영하다	10과
有点儿	yǒudiǎnr	조금, 약간	6과
右	yòu	오른쪽	1과
右面	yòumian	오른쪽	1과
雨伞	yǔsǎn	우산	15과
运动	yùndòng	운동	6과
元	yuán	위안 (화폐 단위)	13과
远	yuǎn	멀다	9과

Z

在	zài	…에(서)	2과
在	zài	…하고 있다	4과
怎么样	zěnmeyàng	어떻다, 어때	14과
站	zhàn	서다	15과
张	zhāng	장 (종이를 세는 단위)	13과
丈夫	zhàngfu	남편	1과

부록 **199**

어휘 색인

着	zhe	…하고 있다	15과
真	zhēn	정말	13과
中心	zhōngxīn	중심, 센터	3과
住	zhù	살다, 거주하다	1과
桌子	zhuōzi	탁자, 테이블	1과
紫色	zǐ sè	자주색	11과
字	zì	글씨	10과
走	zǒu	걷다, 걸어가다	15과
最	zuì	가장, 제일	6, 14과
昨晚	zuówǎn	어제 저녁	16과
左	zuǒ	왼쪽	1과
左面	zuǒmian	왼쪽	1과
做	zuò	…하다	2과